LAURA BLAJMAN-KADAR

Avec Dominique Rouch

CROIRE EN LA VIE

Robert Laffont

ISBN : 978-2-221-27595-5
Dépôt légal : mars 2024
Éditions Robert Laffont – 92 avenue de France, 75013 Paris

À la mémoire des victimes et des otages
du 7 octobre 2023.
À tous mes amis du festival Nova
qui voulaient juste danser
et qui ne sont jamais revenus.

Je ne devrais pas être là pour vous parler…
Je n'aurais pas dû survivre…

Pourquoi suis-je restée en vie
alors que nombre de mes amis sont morts ?
Je n'aurai jamais la réponse à cette question.

J'ai tant perdu. Il ne me reste que ma voix
pour crier au monde entier ce que nous avons
enduré ce 7 octobre 2023…

Prologue

La vie m'a donné une seconde chance…

Avant le 7 octobre 2023, je riais, dansais, dormais. Je bouillonnais de projets et rêvais de voyages à l'autre bout de la planète. J'étais tournée vers un avenir que j'imaginais infini et heureux avec Shay, mon mari. J'aimais faire de nouvelles rencontres, parler à des inconnus dans la rue, m'amuser jusqu'au bout de la nuit. Dans ce tourbillon de vie, je me voyais devenir mère. Une évidence pour sceller notre couple un an après notre mariage. C'était moi, la Laura d'avant, une boule d'énergie hyperactive qui parlait trop et trop fort, qui fumait trop, qui bougeait trop, et surtout, qui avançait sans se retourner.

Aujourd'hui, mes certitudes se sont écroulées. Ce qui me paraissait évident il y a quelques mois s'est soudainement transformé en doutes, en interrogations. Ai-je vraiment envie de donner la vie à un enfant ? Je n'en suis plus si sûre. Dans quel monde va-t-il grandir ? À quel endroit de la planète pourra-t-il vivre sans avoir peur, sans cacher son identité ? Serai-je en mesure de lui promettre une vie heureuse et sécure ? Je ne sais plus.

Il est encore trop tôt pour comprendre ce qui a changé en moi ou ce qui s'est peut-être brisé à tout jamais. Trop tôt pour savoir si j'ai perdu ma joie de vivre, l'essence même de ce que j'étais. Mon traumatisme est-il irréversible ? Me suis-je définitivement éteinte ou tout simplement mise en pause ? Curieusement, je n'ai pas perdu ma foi en l'humanité, j'aime toujours les gens. Mais aujourd'hui, je me sens incapable d'aller vers eux.

Trois semaines après le massacre, mon mari et moi avons été invités à Bruxelles puis au Luxembourg pour témoigner. Nous avons profité de ce voyage pour rendre visite à mes grands-parents à Metz ainsi qu'à ma famille paternelle qui vit à Paris. Paris ! Ville de lumière et de fête ! Les bars, les boîtes de nuit, tout ce que j'aime ! Et pourtant, marcher dans les rues, prendre un verre quelque part me semblait insurmontable. La peur ne me lâchait pas, omniprésente. Peur qu'on m'identifie comme juive et, pire, israélienne – une double peine. Je suis blonde à la peau claire, mais l'hébreu pourrait me trahir. Alors, durant tout le séjour, nous nous sommes exprimés en anglais. Dans les commerces, les taxis, partout. Surtout ne pas se faire repérer. Désormais, le moindre bruit, une sirène de police ou d'ambulance, me fait sursauter. Je me recroqueville sur moi-même quelques minutes. Puis ça passe et je me redresse… Je ne retrouve la tranquillité qu'entourée de mes proches et coupée des autres.

Je me sens instable. D'un jour à l'autre mon humeur change. Je passe d'un état où je vis normalement à une incapacité totale à sortir de mon lit.

J'ai peur du soir, de la nuit qui approche et des cauchemars qui, je le sais, me hanteront. Je retarde autant que possible le moment d'aller me coucher. Si je ne trouve pas le sommeil dès les premières secondes, les fantômes du 7 octobre s'inviteront et me poursuivront inlassablement. Les notes de musique trance mêlées aux bruits assourdissants des kalachnikovs, le visage d'Ilan, celui de Tamar, de Kido et de tous mes amis assassinés que je ne reverrai plus… Ces corps sans vie qui, quelques minutes auparavant, se déhanchaient sur les pistes de danse… Les hurlements des terroristes résonneront dans ma tête : « *Allah Akbar ! Allah Akbar !* » Je sais qu'en fermant les yeux, je revivrai la terreur… Alors, je résiste jusqu'à m'endormir d'épuisement…

1

Mes jours heureux

Je m'appelle Laura, j'ai 35 ans. Je suis française par mon père et israélienne par ma mère.

Le premier quitte la France à l'âge de 17 ans pour s'installer en Israël. Il fait ce qu'on appelle l'Alyia, la loi du retour. Votée le 5 juillet 1950, elle autorise tous les Juifs à immigrer en Israël. Il y rencontre ma mère après son service militaire. Ensemble, ils décident de revenir en France pour un temps limité, mais elle tombe enceinte et les mois s'éternisent.

Je passe les premières années de ma vie à Metz dans une famille dont je suis l'aînée, avec mes deux frères, Benjamin et Mickaël. Je garde le souvenir d'une enfance heureuse et insouciante. Petite fille gâtée, j'évolue dans un cocon bien confortable. Notre vie est facile et notre bonheur, évident. L'adversité ne fait pas partie de mon vocabulaire. J'ai 8 ans quand nous retournons vivre en Israël. Il n'est pas envisageable pour mes parents de ne pas rejoindre l'État hébreu en vue d'y élever leurs enfants. Si mon père est athée et si ma mère croit en Dieu, tous deux partagent la même idéologie sioniste, qui n'a rien à voir avec la religion.

Benjamin, Mickaël et moi sommes éduqués dans l'idée que la place des Juifs se trouve en Israël, cette terre qui nous a enfin été donnée après l'Holocauste, sur laquelle nous réfugier et où rien ne pourra nous arriver… Nos parents nous transmettent des valeurs essentielles à leurs yeux : la tolérance et le partage car mon père, né dans l'est de la France, a toujours fréquenté des gens de toutes nationalités, y compris des Arabes. Il nous répète sans cesse de ne jamais juger l'autre sur sa couleur de peau ou sur sa religion mais, tout simplement, pour ce qu'il est. Nous grandissons dans l'idée que l'avenir d'Israël réside dans la cohabitation de deux États pour deux peuples, l'un, juif, et l'autre, palestinien, qui ne vivraient pas face à face ni ensemble, mais côte à côte et en paix. Nous côtoyons les Arabes israéliens qui, pour la plupart, sont intégrés à la société israélienne. Ils bénéficient des mêmes droits que nous, travaillent, et vivent en majorité dans le nord du pays et à Jérusalem-Est. Bien qu'ils ne soient pas obligés de servir au sein de l'armée, quelques-uns se portent volontaires pour combattre à nos côtés. Malgré les affrontements qui surviennent régulièrement entre Palestiniens et Israéliens – le dernier conflit important remonte à 2021, et faisait suite à un envoi de roquettes tirées sur Jérusalem depuis la bande de Gaza –, nous n'avons pas peur et vivons normalement.

Nous faisons confiance à Tsahal, notre armée qui se bat chaque jour pour assurer notre sécurité. C'est la raison pour laquelle, les habitants des *kibboutzim* – des villages qui fonctionnent selon les principes socialistes de la collectivisation – n'ont jamais songé à quitter la région malgré l'inquiétude et la menace permanentes liées à la proximité géographique avec la frontière israélo-palestinienne. C'est par ailleurs à cause de cette mitoyenneté que les festivals se déroulent souvent en bordure des pays arabes. Comment faire autrement ? Israël est une petite nation encerclée d'États musulmans : au nord, la Syrie et le Liban, au centre, la Cisjordanie, au sud, la bande de Gaza. J'aime mon pays malgré tous ses paradoxes, ses parts d'ombre et ses excès : il est à mes yeux le symbole même de la démocratie en dépit du gouvernement actuel. Je m'y sens à ma place parce que je suis libre de vivre comme bon me semble, libre d'être juive, athée, tatouée, sexy, révoltée parfois mais sans jamais me cacher, sans jamais me sentir jugée. Libre parce que protégée et en sécurité.

Du moins, c'était ce que je croyais jusqu'à ce 7 octobre 2023…

Ce week-end, deux festivals sont programmés : le Unity suivi du Nova.

Nova existe depuis plusieurs années, mais pour la première fois, des producteurs israéliens ont prévu un partenariat avec le festival Psytrance « Universo Paralello », né au Brésil en 2000. Les festivals, c'est ce que j'aime le plus au monde. L'endroit où je me sens à ma place. Danser, rire, boire un verre, faire la fête avec ma bande de copains, c'est ainsi que je m'épanouis. Je suis une fille de la nuit.

À 17 ans, je travaillais déjà dans des discothèques. Je ne connaissais pourtant pas la musique trance, je n'en avais même jamais entendu parler. Des années plus tard, alors que je suis officier dans la police militaire, une amie me raconte un festival et son récit attise ma curiosité. Je me dis que je dois tenter l'expérience au moins une fois dans ma vie. C'est seulement à 26 ans, après mon service, que je découvre cet univers.

Émerveillée. Le mot est faible. Propulsée sur une autre planète, me voici perdue au milieu d'un désert qui s'étend à perte de vue. Des jeunes, des vieux, des célibataires, des familles. Ici, toutes les opinions politiques, races, religions sont représentées et s'entremêlent sans jugement. J'en prends plein les oreilles et j'en prends plein les yeux. Je les regarde danser, sans complexe, au rythme de la musique trance. Plongée dans un monde que je n'aurais pu imaginer, je vis une expérience fusionnelle avec le son, aspirée dans une bulle. Nous sommes des milliers. Pourtant, nous ne faisons qu'un. *Together, we are one*, comme le proclame le slogan du Unity Festival.

Arrive déjà mon deuxième festival et je fais la connaissance de Mor. Nous nous lions d'amitié, devenons rapidement inséparables. Mor est un sacré personnage. Trente-cinq ans, beau garçon, il est célibataire et toujours entouré de jolies filles. Son humour est légendaire. Taquin et moqueur, à l'excès parfois, il pourrait vite passer pour un être superficiel, alors qu'il est tout l'inverse : un garçon fiable sur lequel on peut compter à n'importe quelle heure du jour ou de la nuit. Avec son associé, Rami, il est producteur du Unity Festival.

Un soir, Mor me présente Shay, qui deviendra mon mari. Très proches – ils se sont connus à l'âge de 18 ans, au cours de leur service militaire –, les deux hommes travaillent pour le Unity Festival. Le courant passe tout de suite entre Shay et moi. Nous parlons le même langage, envisageons la vie de la même façon. Comme moi, il n'est ni croyant ni pratiquant mais attaché aux traditions. Shay est d'origine égyptienne. Cette belle personne, généreuse, sociable, extrêmement serviable et dotée d'une véritable intelligence émotionnelle est ouverte aux autres, à tous les autres – ses amis, comme des inconnus. Il est capable de passer des heures à écouter la vie des gens et n'hésite pas à leur venir en aide s'il en a la possibilité. En revanche, plutôt cachottier, il ne se livre pas facilement. Shay entre dans ma vie par la grande porte ; il n'en sortira plus. Immédiatement, il devient avec Mor mon meilleur ami.

Les trois années qui suivent, notre entourage n'a de cesse de vouloir nous ouvrir les yeux : « Vous êtes faits pour être ensemble ! Qu'attendez-vous ? »

— Laura est magnifique, mais elle est trop folle pour moi, répond toujours Shay.

— La fille qui l'épousera sera la plus heureuse du monde, c'est certain, mais il n'est pas mon genre, dis-je en boucle.

Pourtant un soir, après une violente dispute avec Rami, je demande à des amis de me rejoindre dans la ville de Yehud, à l'Andaman, le bar qui nous sert de quartier général. Mor, Shay et une proche, Alona, arrivent quelques minutes après moi. Je suis contrariée et, pour oublier ma mauvaise soirée, je bois plus que de coutume. Nous discutons, chacun me calme à sa façon. Vers minuit, Shay décide de rentrer chez lui. Je l'interpelle :

— Laisse ta porte ouverte, s'il te plaît, je ne veux pas prendre ma voiture dans cet état, je vais dormir chez toi.

Ce n'est pas la première fois qu'une telle situation se produit : je dors régulièrement chez lui en tout bien tout honneur, mais nous n'avons jamais été confrontés à une confusion de sentiments. Lorsque j'entrouvre la porte, Shay est réveillé. Que se passe-t-il dans nos têtes ce soir-là ? Je ne sais pas. Toujours est-il que la magie opère, et que l'amitié laisse place à une relation amoureuse que nous tenons à garder secrète pendant trois mois. Nous voulons être sûrs, lui, comme moi, de la profondeur de notre relation avant de la rendre publique. Deux ans plus tard, nous nous marions.

Notre amitié avec Mor en sort renforcée si bien que, très vite, Shay, Mor et moi formons un trio soudé comme les cinq doigts de la main. Chaque week-end ou presque, nous parcourons les festivals aux quatre coins d'Israël ; dans le Sud, dans le Nord, sur une plage, dans un désert, un champ ou une forêt... toujours ensemble, toujours au milieu de nulle part.

Un jour, Mor quitte la production du festival pour vivre de nouvelles aventures, laissant Rami seul aux commandes. Marié, père de trois enfants, il me confie alors davantage de responsabilités. Il jouera un rôle important dans ma carrière : c'est lui qui m'ouvrira les portes de cet univers et m'apprendra le métier. Rami, c'est un peu mon deuxième père, mon mentor.

Grâce à lui, j'évolue, je progresse. Je lui resterai éternellement reconnaissante de m'avoir fait confiance.

C'est à cette période que je croise la route de Smiley. Producteur de soirées et de festivals, très mondain, l'homme a ses entrées partout et sa réputation n'est plus à faire dans le milieu de la nuit. Il est fiancé à Joy, une ravissante jeune femme. Smiley est un garçon atypique, un croyant assez pratiquant qui, après avoir grandi dans des écoles religieuses, avait décidé de ne plus respecter le Shabbat – cette fête qui commence le vendredi à la tombée de la nuit pour se terminer le samedi soir – jusqu'à ce qu'un drame personnel le fasse changer d'avis. Érudit, il connaît bien les textes sacrés, je le sais tout aussi capable d'expliquer un psaume que de dresser un état des lieux extrêmement précis des folles nuits de Tel Aviv. Il me confie un jour la tâche d'organiser la promotion de ses discothèques tous les jeudis soir, en parallèle de mon métier d'organisatrice du Unity Festival. Je vis donc à mille à l'heure : le jour, je suis assistante de direction ; la nuit, j'organise des soirées ; le week-end, j'arpente les festivals. À ce rythme, mes nuits sont courtes, presque inexistantes mais j'avance, heureuse dans cette existence qui me ressemble.

Au fil du temps, je me familiarise avec le milieu des festivals auquel je m'intègre naturellement. Je découvre l'envers du décor, la difficulté d'organiser de tels événements. Les autorités ne voient pas d'un bon œil ces rassemblements qui, pour elles, favorisent le trafic et la consommation de drogues, alors, contraints d'affronter régulièrement la police qui nous interdit de danser, nous sommes obligés de nous battre pour obtenir les agréments. Dès que nous en avons l'occasion, nous dénonçons cette situation dans les médias jusqu'à parvenir à nos fins.

Ce 7 octobre, nous avions obtenu toutes les autorisations…

2

Le compte à rebours

Jeudi 5 octobre 2023

À moins d'une demi-heure de route de la frontière entre Gaza et Israël, le Unity Festival et le Nova sont organisés en plein air, au milieu d'une forêt, près du *kibboutz* de Reïm. À peine six kilomètres les séparent de la bande de Gaza, dans le sud du pays. À cette occasion, nous allons assister à des sets de DJ venus du monde entier. L'événement s'annonce grandiose et l'effet de surprise est au rendez-vous pour Shay et moi. En raison d'un trop-plein de travail, ni l'un ni l'autre n'avons participé à l'organisation du Unity. Nous apporterons notre aide une fois sur place puis enchaînerons avec le Nova.

La perspective de ces trois jours de fête me remplit de joie et les préparatifs vont bon train. Nous avons opté pour la caravane, la meilleure solution pour nous sentir à notre aise. C'est celle d'Ygael, l'un de nos amis, qui nous la prête chaque fois que nous la lui demandons. Blanche, conçue pour quatre personnes, elle est remorquée à la voiture. Oh, elle n'est pas luxueuse, plutôt rudimentaire même, mais c'est notre palace à nous lorsque nous nous déplaçons dans le pays. Chacune de ses fenêtres en plastique présente un grillage intérieur. Face à la porte d'entrée, une kitchenette comprenant quelques étagères, à droite de laquelle se trouve un lit double. À gauche, deux couchages superposés. Juste derrière, une salle de douche minuscule parachève l'ensemble. Cette caravane fait partie de notre histoire de couple. Elle est notre refuge, notre cocon, celui à l'intérieur duquel nous nous abritons quand, ivres de musique et de bruit, nous ressentons le besoin de nous retrouver au calme. Elle est aussi un lieu de fête où nous accueillons notre bande de copains pour partager un verre ou un dîner. Dans cette caravane, nous nous sommes mariés ; dans cette caravane, nous nous sommes aimés ; nous y avons discuté des nuits entières ; nous y avons ri mais jamais pleuré. Elle était le symbole de la joie. Des jours heureux…

Nous nous réveillons vers huit heures du matin. Comme à son habitude, Shay prépare le café. Il file sous la douche, s'habille alors que je me prélasse encore sous la couette. Inquiet à l'idée que je traîne un peu trop longtemps, il me lance :

— Je pars travailler, mon cœur, je rentrerai vers onze heures. Tu te tiens prête ? On doit faire un détour par Holon pour aller chercher la caravane chez Ygael avant de prendre la route.

Je saute du lit quelques minutes plus tard. Pas de temps à perdre, il me faut préparer nos affaires puis finaliser quelques dossiers professionnels. Le ciel est d'un bleu limpide. C'est un week-end chaud et ensoleillé qui s'annonce. L'automne tarde à arriver mais c'est habituel, nous attendons en général le mois de novembre pour ressentir les premiers effets du froid.

J'ouvre les placards. Des shorts, des tee-shirts, un gilet pour le soir, au cas où… et mes « habits de lumière » spécial fête. Je range minutieusement le tout dans ma valise. Puis je saisis mon sac rose, celui qui ne me quitte jamais. À la fois sac de survie et caverne d'Ali Baba, il contient aussi bien des médicaments pour les maux de tête, de ventre ou de dos, des pommades diverses et variées, de la nourriture salée et sucrée, des élastiques pour les cheveux, des lingettes, du tabac, des bonbons et, bien sûr, nos portefeuilles et nos téléphones. Où que je me trouve, ce sac est avec moi. Une fois les valises bouclées, je m'assieds devant mon ordinateur, prends connaissance de mes messages, en envoie quelques-uns, dont une demande de devis. J'espère un retour rapidement. Je consulterai ma boîte mail dès samedi soir.

Plus jamais je n'ai consulté ma messagerie. Je n'y répondrai jamais plus. Je n'ai jamais su si la réponse tant espérée était arrivée. Trois mois déjà. Si quelqu'un m'avait dit un jour que je perdrais brutalement le goût du travail…

De retour à la maison, Shay charge le véhicule. Il est onze heures trente, nous sommes dans les temps. Un peu plus de cent kilomètres nous séparent de notre destination. En voiture ! Un crochet par Holon pour prendre la caravane, et nous y voilà : en route pour trois jours de bonheur et de fête ! Quand la faim nous tenaille, nous faisons une halte au McDonald's, choisissons quelques hamburgers et frites que nous mangeons goulûment sur nos sièges en continuant à rouler. Surtout, ne pas perdre de temps ! L'ambiance est joyeuse, les fenêtres ouvertes laissent passer une légère brise que nous accueillons avec plaisir car la température monte au fil des heures. La musique trance résonne déjà dans l'habitacle : nous nous mettons en condition.

Sur la route, nous appelons Smiley. Pourvu qu'il reste avec nous au Nova ! Nous espérons qu'il fera exceptionnellement une entrave au Shabbat pour participer au festival :

— Salut Smiley ! Tu es déjà sur place ?

— Depuis longtemps ! Je suis avec Ygael, on bosse déjà, répond-il, un brin de malice dans la voix.

— Tu n'as pas l'intention de partir vendredi soir, j'espère ? lui demande Shay.

— Je ne sais pas encore, je suis tiraillé ! J'ai très envie de rester. En même temps, c'est Shabbat.

Le sentant hésitant, nous en rajoutons une couche pour le convaincre. Nous aimons bien le taquiner sur le sujet :

— Allez Smiley ! Tu ne vas pas nous abandonner tout de même !

— Je ne sais pas, on en reparle tout à l'heure.

Pendant deux jours, nous le tannerons pour qu'il reste au Nova…

Nous descendons vers le sud. Le paysage commence à changer, la végétation se raréfie, seuls subsistent quelques arbres et de maigres buissons desséchés par le soleil. Nous apercevons au loin le spectacle magnifique que nous offre le désert du Néguev. Engagés sur la route 6, l'équivalent de l'autoroute, nous contournons Ashdod et Ashkelon, des villes sur lesquelles, en temps de guerre, les roquettes s'abattent. Mais aujourd'hui, tout est calme. Pas la moindre menace à l'horizon. Après soixante kilomètres, nous parvenons au carrefour de Beit Kama :

— Je connais bien cet endroit, dis-je fièrement, c'est là que j'ai reçu mes galons d'officier quand j'étais dans l'armée.

C'était en 2009. Une cérémonie avait été organisée pour la remise des grades aux soldats et soldates de Tsahal. Peu de temps auparavant, un conflit avait éclaté entre Palestiniens et Israéliens après que le Hamas avait tiré des roquettes dans le sud du pays. Par la force des choses, la fête prévue à cette occasion s'était transformée en une simple formalité bâclée. Nos parents avaient fait l'aller-retour dans la journée, conscients qu'il n'y aurait ni protocole ni cérémonial. Alors que nous devions revêtir l'uniforme *aleph* – l'uniforme de service –, nous n'avions pas eu le temps de nous changer et avions reçu nos décorations en tenue de combat. Il faut dire que nous quittions tous le théâtre d'opérations pour y retourner dans la foulée. Par mesure de sécurité, certaines villes avaient même été fermées au public et aux journalistes. À cette époque, officier de la police militaire, je contrôlais les routes aux alentours. C'est pourquoi je connais si bien le coin. Après avoir savouré le moment présent, je reprends :

— La dernière fois que je suis venue ici, nous étions en guerre. Et nous y retournons pour danser ! Quel bonheur !

En cet instant de légèreté, qui peut imaginer que notre vie basculera dans l'horreur moins de quarante-huit heures plus tard ? Aucun signe ne permet d'envisager le projet machiavélique et meurtrier qui se trame pourtant dans les rangs ennemis. Il est vrai que le pays est fracturé en raison d'une crise interne. D'un côté les pro-Netanyahou ; de l'autre, les contre. Les laïcs face aux religieux. Pour la première fois, le peuple israélien se déchire, s'oppose, en affichant parfois violemment sa colère et son mécontentement à l'encontre de la politique gouvernementale. Des scissions sont apparues au sein même des familles, creusant un fossé béant. Du jamais-vu ! Chaque samedi, les Israéliens descendent dans la rue pour protester. Mais leur révolte ne concerne en rien nos voisins palestiniens. Sauf que ces mêmes voisins nous observaient. Ils profiteront de la fragilité du pays pour accomplir leurs crimes.

Nous atteignons les lieux vers quatorze heures trente. Les ouvriers sont déjà sur place pour boucler les derniers préparatifs, les organisateurs supervisent les travaux. Chacun s'active dans l'exécution de ses tâches car le Unity Festival ouvrira ses portes à vingt-deux heures jusqu'au lendemain, dix-sept heures. Après avoir passé la seule entrée, nous reconnaissons des visages familiers que nous saluons de loin. Le site est immense. Par-ci, par-là se dressent quelques buissons au milieu d'un immense champ quasi désert. Je suis toujours aussi impressionnée par la beauté des lieux.

À quelques mètres à peine, trône une scène destinée aux prestations des DJ, devant la grande piste de danse. Des tentures aux couleurs du Unity – bleu ciel, blanc, jaune et mauve – la protègent du soleil. À chacune de ses extrémités, des équipes posent des guirlandes lumineuses. Sur notre droite s'étend l'espace camping, où les festivaliers installeront leurs tentes. Un peu plus loin, des bars et des étalages de nourriture en tout genre, alignés, attendent les fêtards qui viendront s'y ravitailler. Sur le stand de Smiley, les produits nous font déjà de l'œil : du thé, une variété de gâteaux plus alléchants les uns que les autres, ainsi que de nombreux fruits destinés aux milk-shakes. Un peu plus loin, un jeune garçon fait rissoler des pommes de terre et cuit des steaks. Je comprends qu'il prépare des hamburgers-frites. Nous lui rendrons visite très bientôt, je le sens… En face, des échoppes de vêtements et de bijoux jouxtent un salon de massage, une boutique de tatouage et un stand de maquillage. De l'autre côté de ce marché haut en couleur se trouve une seconde piste de danse, plus petite que la précédente. Nous décidons d'installer notre caravane à proximité, non loin de l'issue de secours fermée au public.

Quand nous sortons de la voiture, le ciel est toujours aussi bleu et l'air est tiède. Toutes les conditions sont réunies pour un week-end de rêve. Avant même de penser à faire un brin de toilette, je décide de déballer les sacs. Je n'aurai l'esprit libre que quand tout sera parfaitement rangé, car j'ai transporté ma maison dans la caravane. Je n'y peux rien, je suis fabriquée ainsi… Sortant les affaires du coffre, j'installe déjà sur les étagères, au hasard de la place disponible – sur le frigidaire, sur la plaque de cuisson… – les nombreuses victuailles que j'ai pensé à apporter. Puis je m'attaque au dressage des lits. Le nôtre d'abord, puis les lits superposés ouverts pour qui voudra y dormir ou s'y reposer. Je n'oublie pas mon sac rose que je place à l'entrée de la caravane de façon à l'avoir à portée de vue et de main. Enfin, je dispose les chaises et la table en plastique à l'extérieur, en prévision des nombreux apéros autour desquels nous ne manquerons pas de retrouver les copains. Après m'être changée à la hâte, je rejoins Smiley, Ygael et un autre ami, Élie, près de leurs stands. Shay, passionné de bricolage, propose ses services à Matan Lior, le responsable du son. Toute l'après-midi, nous travaillons à la mise en place des installations. Chaque pause est une occasion de relancer Smiley :

— Alors, tu restes ?

— Je n'en sais rien, répond-il, l'air malheureux.

Nous revenons à la charge une heure plus tard :

— Alors tu t'es décidé ? Tu rentres chez toi ou tu danses avec nous ?

Son regard m'indique qu'il est prêt à faire une entorse à la religion pour profiter du Nova.

— Je ne sais pas… j'hésite, me répond-il.

— On te laisse la caravane, si tu veux. Tu pourras t'y reposer à partir de ce soir jusqu'à demain soir, insiste Shay.

La proposition est tentante. En effet, Smiley pourrait respecter le Shabbat tout en restant avec nous dans une ambiance agréable, car si cette fête n'autorise pas l'utilisation de l'électricité, du téléphone, de la voiture ou de la télévision pour se consacrer à la pratique du culte, elle n'interdit pas de manger, ni de boire, ni même de passer un bon moment entre amis. Je le sens malgré tout partagé…

— J'appellerai mon père demain et je verrai avec lui !

Le père de Smiley est rabbin, un rabbin toutefois tolérant qui n'a jamais contraint son fils à rentrer à la maison pour le Shabbat s'il n'en avait pas envie. Tous les espoirs sont donc permis…

Il est vingt-deux heures, les premiers festivaliers commencent à déferler. À l'entrée, les vigiles postés procèdent à des fouilles en bonne et due forme : ouverture du coffre, des sacs, et palpation des corps, des pieds à la tête. Chacun reçoit un bracelet rose. Des policiers armés sont dispersés sur le site. Ils ne sont que rarement sollicités. La foule est impressionnante et le bruit, assourdissant. Sans prévenir Shay, je m'absente pour aller chercher des boissons à la buvette de Smiley. Ne me voyant pas revenir, mon mari se lance à ma recherche. Il arpente les stands, interpelle Ygael :

— Tu n'as pas vu Laura ?

— Elle était là il y a à peine cinq minutes. Je pense qu'elle est partie vers la scène !

Quand il rejoint l'endroit indiqué, je viens de le quitter. Au bout d'une longue demi-heure, il finit par me retrouver.

— Tu pourrais m'avertir quand tu pars, me dit-il.

Je lui plante un baiser sur la joue en guise de réponse puis nous retournons à l'entrée afin d'aider les organisateurs à canaliser la foule.

Près des barrières de sécurité, un petit groupe aux tenues psychédéliques attire mon regard. Ce sont des jeunes filles, en robes métallisées, bodys fluorescents ; certaines ne sont vêtues que d'un simple soutien-gorge assorti à leur pantalon moulant. Une femme habillée de cuir en enlace une autre, aux cheveux très longs, coiffés de dreadlocks. Elles dansent langoureusement ensemble. Un peu plus loin, des personnes un peu plus âgées boivent un café. Je les identifie immédiatement : blonds, les yeux légèrement en amande, les pommettes saillantes... ce sont des Russes. Ils représentent la plus grande communauté juive du territoire, avec plus d'un million de citoyens. Je reconnais également de jeunes Druzes, en grande conversation avec un vigile. Les Druzes israéliens sont des Arabes liés à l'État d'Israël par un accord de soutien mutuel appelé « Pacte de sang ». S'ils représentent seulement 2 % de la population israélienne, ils sont totalement intégrés dans les institutions : certains travaillent dans la défense nationale, ou encore au sein de la police, voire de l'administration pénitentiaire.

Il y a quelques années, quelques-uns siégeaient à la Knesset – notre Parlement.

En Israël, les festivals accueillent toute la diversité, la complexité et la richesse de la société. Déambuler dans ces lieux, c'est comme se balader dans les rues de Tel Aviv, une ville réputée pour son atmosphère festive sur fond de laïcité. « La ville qui ne dort jamais », comme on a coutume de l'appeler, a même été primée par certains guides de voyage pour son hédonisme. On peut y croiser un orthodoxe religieux sur le même trottoir qu'une fille en maillot de bain, assister à des manifestations LGBT au milieu de familles traditionnelles. On y entend toutes les langues : hébreu, russe, français, anglais, arabe… C'est notre réalité israélienne : diversité, tolérance et liberté.

Voilà pourquoi je me sens si bien ici…

La fatigue commence à se faire sentir… Il est près de minuit. Je décide de rentrer me coucher pour être au meilleur de ma forme demain. Shay travaillera quant à lui jusqu'à trois heures du matin, puis ira retrouver Mor pour danser tout le reste de la nuit.

Vendredi 6 octobre 2023

Il est à peine huit heures quand j'ouvre un œil, réveillée par les sons répétitifs et saccadés de la musique trance. Mon mari vient de rentrer avec deux gobelets de café. Il me tire de ma torpeur en m'annonçant que Mor et une amie, Tali, sont arrivés dans la nuit.

— Il me semble les avoir entendus entrer dans la caravane cette nuit ?

— Non ! Ils n'ont pas dormi. Ils sont allés danser directement, me répond Shay en souriant. En revanche, je crois qu'une amie de Joy est passée se reposer quelques heures, puis elle est repartie.

L'information ne me surprend pas. Notre caravane est un moulin. Chacun y dort, y entre et en sort à sa guise. C'est la maison du bonheur…

— Allez ! Je repars ! À tout à l'heure mon cœur ! clame Shay en fermant la porte.

Mon mari s'est résigné à m'attendre pour aller danser. Il me connaît. Il a compris que j'avais besoin d'être tranquille et de prendre mon temps pour émerger et me préparer à mon rythme. Je le rejoindrai plus tard.

Vers neuf heures, enfin prête, je sors… muette face à la beauté de l'aube. L'ambiance est à son comble, la musique bat son plein. Cette journée s'annonce aussi parfaite que la précédente. Je retrouve Shay, nous déambulons sur les lieux, nous arrêtons boire un verre, manger un morceau avant de nous lancer dans une danse endiablée. Les heures s'écoulent sans que nous les voyions passer.

Il est quinze heures. Nous nous dirigeons vers le stand de Smiley. Juste à côté, j'aperçois celui du jeune garçon que j'ai repéré hier. Il est en train de vendre un cornet de frites. Je patiente quelques instants puis lui demande :

— À quelle heure fermes-tu ?

— Dix-sept heures, comme tout le monde et je rouvre à minuit avec le Nova.

— OK, alors mets-nous de côté du poulet et de grosses portions de frites. On viendra les chercher à seize heures quarante-cinq. Ne t'inquiète pas, on sera à l'heure, ça a l'air si bon !

— Merci. Tout sera prêt, je vous attendrai.

Sous son apparence de gros nounours bourru, ce garçon est en fait très doux et extrêmement sympathique. Accoudé au bar, je crois reconnaître Netanel, le responsable du département marketing du Unity. Il est rare qu'il traîne dans les festivals : il dit que ces événements ne l'intéressent pas.

— Tu es encore là toi ? Ça ne te ressemble pas, lui dis-je, surprise de le voir.

— Tu as raison, je ne comprends pas ce que je fais encore ici à une heure pareille.

— J'imagine que tu ne restes pas pour Nova ? lancé-je, connaissant déjà la réponse.

— Bien sûr que non ! Je suis épuisé. Je vais partir bientôt.

Dans quelques jours, nous nous reverrons à l'enterrement d'un ami commun. Je lui tomberai dans les bras, en larmes, me redresserai et lui murmurerai :

— Tu te souviens ? Tu ne comprenais pas pourquoi tu étais resté au festival ?

Netanel me regardera d'un air interrogateur, et j'enchaînerai :

— C'était pour leur dire adieu…

— Tu as raison. Ce soir-là, j'ai retrouvé plein d'amis que je n'avais pas vus depuis longtemps. On a longuement discuté. Je ne le savais pas, mais c'était la dernière fois que je les voyais…

Il ravalera un sanglot, puis terminera sa phrase dans un souffle :

— Oui, je suis resté pour leur dire adieu.

Il est déjà seize heures et les derniers sets de DJ vont commencer. Je suis très fière car ce sont Erez et Dvir, deux très bons amis, qui sont aux commandes. Nous nous rapprochons de la piste pour les écouter. Benzi Brofman, un artiste graffeur, est parmi nous. Il vient de terminer un immense tableau représentant deux DJ réputés, Vibe Tribe et Cosma ainsi qu'un manager, Eyal Yankovich, tous trois décédés. Après le 7 octobre, ce peintre parcourra le monde pour dessiner sur les murs les visages de nos otages et de nos disparus. Nous restons quelques minutes face à la fresque puis décidons de passer derrière la scène quand soudain, j'entends quelqu'un crier mon prénom :

— Laura ! Laura !

Je me retourne et, à ma grande surprise, me retrouve face à Matan Kido, l'homme qui m'a offert mon premier emploi en boîte de nuit. Il est DJ pour le festival Nova où il travaille également. Nous ne nous sommes pas revus depuis plus d'un an. Je suis si heureuse de le retrouver !

— Kido ! Comment vas-tu ? Ça fait si longtemps !!

— Oui, le temps passe vite, me dit-il en me serrant dans ses bras. Tu restes au Nova ?

— Bien sûr ! Je ne vais pas louper ça !

— C'est cool. On se voit demain alors ?

Shay m'entraîne sur la piste pour une dernière danse. Tous nos amis nous ont rejoints. Ils sont survoltés. Dans cette ambiance électrique mais bon enfant, je sens que mes jambes ne me portent plus. Épuisée, je refuse pourtant de me priver de ce délicieux moment, alors je prends sur moi, cinq minutes, dix minutes, je ralentis la cadence pour ne pas m'écrouler. Je tiens le coup car je n'ai vraiment pas envie de partir et de quitter mes copains. Soudain, une solution s'offre à moi. J'attrape une chaise en plastique que je place au centre de la piste et m'assois :

— Je suis crevée les gars, continuez à danser. Moi, je vais vous regarder.

Mes amis éclatent de rire, se regardent puis, d'un commun accord et sans me laisser le choix, s'emparent de mon siège, me soulèvent et me font voltiger. Quand je manque de tomber, ils me rattrapent. Nous chantons à tue-tête, euphoriques.

Dans quelques heures, sur cette même piste de danse, la plupart d'entre eux tomberont sous les balles des terroristes.

La nuit commence à tomber, la foule se disperse : c'est la fin du Unity et le début du Shabbat. Le Nova prendra la relève dans quelques heures, à minuit jusqu'à demain soir. Certains festivaliers tentent de rester sur place pour y participer, mais c'est impossible. Ils insistent auprès des organisateurs, s'acharnent, invoquent tous les prétextes pour les convaincre.

— Vous n'avez pas le droit d'enchaîner les deux festivals ! Si vous voulez rester, vous devez sortir du site, attendre jusqu'à vingt-trois heures et reprendre un ticket d'entrée, explique un vigile posté à la sortie.

Certains acceptent le compromis, la grande majorité abandonnent la partie après de longues et vaines négociations, et c'est la mort dans l'âme qu'ils quittent les lieux. Ils ne le savent pas encore, mais ils ont échappé au pire…

Pour notre part, organisateurs du Unity, nous sommes heureux de pouvoir rester sur place pour participer au Nova. Le site se vide progressivement, les derniers sons des derniers synthétiseurs résonnent, étouffés par les marteaux et perceuses des techniciens qui remballent le matériel. Les petits commerçants rangent leurs produits, ils baissent le rideau. Ils ne rouvriront leurs boutiques que dans quelques heures. Je regarde ma montre. Seize heures quarante-cinq. Il est temps d'aller chercher les plats que nous avons commandés. Je m'en délecte à l'avance. Le jeune vendeur nous attend avec un grand sourire aux lèvres. Nous espérions voir Smiley dont le stand se situe tout près, mais il a quitté les lieux précipitamment avec Joy, sa fiancée, pour rentrer chez lui. Il a rappelé son père et, contre toute attente, ce dernier s'est obstiné :

— Je veux que tu rentres à la maison !

— Mais papa, le festival n'est pas terminé… Je risque d'arriver après Shabbat ! Je ne vois pas l'intérêt de revenir !

— Non seulement c'est Shabbat, mais demain soir, nous fêtons Simha Torah, tu rentres !

Le ton était sans appel. Simha Torah – la Fête de la joie – marque la fin du cycle annuel de lecture de la Torah. Ce jour-là, la communauté juive chante et danse, les enfants s'amusent, reçoivent des friandises. Simha Torah sera donc célébré demain soir, samedi 7 octobre. Smiley a cédé face à l'insistance inhabituelle de son père. Cette fête est en effet trop importante pour qu'il ne la partage pas avec sa famille.

— OK, je rentre… s'est-il résigné.

En décidant de respecter les fêtes juives, Smiley va échapper au massacre et être sauvé…

Le stand de hamburgers est déjà rangé et nettoyé. Deux chaises sont installées devant le tréteau servant d'étalage à son propriétaire. Les assiettes sont prêtes. Dans chacune d'elles, quelques feuilles de salade accompagnent un morceau de poulet grillé et une généreuse portion de frites.

— Tu nous as préparé un festin ! lui dis-je en m'approchant des plats fumants.

— Une promesse est une promesse. Prenez votre temps, vous avez un bon quart d'heure devant vous. Bon appétit !

Je suis touchée par la gentillesse de ce garçon. Il dégage une telle bonté et une telle bienveillance que je ne peux m'empêcher de chercher à en savoir un peu plus sur lui. Tout en mangeant, Shay et moi entamons donc une discussion. Il s'appelle Doron. Nous échangeons quelques banalités puis il nous confie qu'il est papa d'une petite fille.

— Elle n'habite pas avec sa maman, ajoute-t-il. C'est ma mère qui l'élève…

— Est-ce que tu la vois ? lui demande Shay.

— Bien sûr.

Pourquoi cette petite est-elle élevée par sa grand-mère ? Où est sa mère ? Nous n'en saurons pas plus car je comprends qu'il n'est pas prêt à se livrer davantage, alors nous n'insistons pas et passons à des sujets plus légers.

La musique a cessé, il est temps de rentrer. Nous nous levons, Shay sort son portefeuille de sa poche. Doron, refuse :

— Non ! Laissez tomber ! Vous m'avez trop fait rire, je vous invite !

— C'en est hors de question, dit Shay. Tu es là pour gagner ta vie et nourrir ta famille. Prends cet argent !

Face à la détermination de mon mari, Doron s'exécute et encaisse son dû.

— Nous nous croiserons probablement demain ! lui lance Shay.

Le Unity Festival ferme ses portes et un silence relatif tombe sur les champs. Des grappes de jeunes traînent, un dernier verre à la main. Je n'ai qu'une envie : retrouver ma caravane, y mettre un peu d'ordre et prendre une douche. Je rentre seule, laissant Shay et Mor aider Ygael à ranger le stand de Smiley. Arrivées sur les lieux, les équipes du festival Nova commencent à mettre en place les installations.

En début de soirée, Shay, Mor et Ygael me rejoignent dans la caravane. Tali arrive peu de temps après. Rami, quant à lui, est parti avec quelques amis se reposer jusqu'à demain matin, dans un appartement loué aux alentours. Réveillés à huit heures, ils ne seront pas présents sur les lieux au moment du massacre. Je m'habille et, pendant que Shay fait un brin de toilette, je dispose les chaises et la table. À l'intérieur de la caravane, Mor et Ygael discutent tandis que Tali entre et sort au gré de ses envies. Hezi, un jeune homme d'à peine vingt-cinq ans avec lequel j'ai travaillé, s'approche.

— Bonsoir, je peux me joindre à vous ? demande-t-il poliment.

— Avec plaisir. Assieds-toi !

Shay lui propose une tasse de thé et quelques petits gâteaux qu'il a rapportés du stand de Smiley.

— Merci beaucoup.

Hezi nous observe en souriant.

— Ça fait longtemps qu'on se connaît tous les quatre…

— Oui, très longtemps, confirme Mor. Nous t'avons embauché il y a environ sept ans pour vendre des tickets du Unity Festival.

Nous prenons plaisir à évoquer les bons moments partagés.

— Je garde de merveilleux souvenirs de cette période, reprend-il. Qui sait ce que l'avenir nous réserve ? Peut-être travaillerons-nous de nouveau ensemble ?

Les heures s'écoulent dans la joie et la bonne humeur. Nous planifions la journée du lendemain.

— J'ai entendu dire que le Nova attendait plus de trois mille personnes ! annonce Mor.

— Oui, on va vivre des moments de dingue, reprend Shay.

— J'ai hâte ! renchérit Hezi. D'ailleurs, je rentre me reposer quelques heures pour être en forme demain.

Après avoir dévoré sa dernière bouchée de gâteau, il se lève et, en s'éloignant, nous adresse ces derniers mots :

— Merci encore pour cette belle soirée ! À demain !

Je profite du départ de Hezi pour inviter mes amis à rentrer :

— Je propose qu'on aille se coucher pour pouvoir, nous aussi, profiter de la belle journée qui nous attend.

Il est près de minuit. Le calme qui règne sur le site sera bientôt interrompu par les premières notes de musique du festival Nova. Nous débarrassons la table avant d'entrer dans la caravane. Mor et Tali nous emboîtent le pas pour rejoindre leurs couchages respectifs. Mor choisit le lit du haut, Tali, celui du bas. Je m'allonge près de Shay, me blottis contre lui et m'endors paisiblement. Vivement demain !

3

La peur au ventre

Samedi 7 octobre 2023
5 h 00

Je me réveille doucement, prends mon téléphone machinalement. Cinq heures. Ce matin, excitée par la perspective de la journée, j'ouvre les yeux aux aurores. Je ferai la grasse matinée plus tard, c'est le dernier jour, il faut en profiter ! Le soleil ne s'est pas encore levé mais je ressens déjà une certaine effervescence à l'extérieur. La musique retentit partout, les festivaliers qui n'ont pas fermé l'œil de la nuit sont probablement sur les pistes de danse. Je me tourne vers Shay qui rêvasse, les yeux ouverts.

— Tu ne dors pas, mon cœur ?

— Non, me répond-il, j'ai fini ma nuit vers quatre heures et demie.

Mor semble se réveiller. Tali dort encore. Je reprends mon téléphone, consulte mes messages et découvre celui de mon amie Darin. Elle est ukrainienne et nous nous sommes rencontrées il y a environ six mois, par l'intermédiaire d'amis communs. En peu de temps, nous avons tissé une solide amitié. Aujourd'hui, elle fait partie de mes proches :

Hello Laura, tu dois sûrement dormir. Je suis avec Alon et Lital. Nous sommes sur la grande piste de danse !

Le message a été envoyé à deux heures du matin. Je tente de la joindre, sans espoir qu'elle me réponde. À ma grande surprise, elle décroche :

— Laura ! J'attendais ton appel ! Vous êtes où ?

— Il est tôt ! Je viens de me réveiller.

— Ça commence à être la folie ici ! Vous arrivez quand ?

J'esquisse un sourire : je l'imagine, impatiente et en ébullition. Mais elle n'est pas la seule. J'ai dormi à peine cinq heures et je me sens en pleine forme. Nous sommes toujours dans cet état lorsque nous participons à un festival, l'ambiance est si festive, si chaleureuse que nous ne voulons pas en perdre une miette. C'est aussi l'occasion de se retrouver. Pour la faire patienter, je l'invite à nous rendre visite :

— Mor est déjà debout et Tali vient de se réveiller. Nous allons nous préparer. Rejoignez-nous, on boira un café ensemble ! Nous sommes installés juste derrière la petite piste de danse, près de la sortie de secours.

— OK, on arrive !

Je repose mon téléphone, reste un moment allongée, les yeux ouverts. Shay, Tali et Mor s'activent déjà. Le jour ne s'est pas encore levé. Je sors de mon lit et me dirige vers la fenêtre pour m'assurer qu'il fera beau. Pas un nuage dans le ciel. Bientôt, nous assisterons à un splendide lever de soleil sur le Neguev. La journée s'annonce magnifique et gaie. Peu à peu, la caravane prend vie. Shay, déjà habillé, est sur le point de sortir :

— Je pars chercher des cafés !

— Attends-moi ! crie Tali. Je viens avec toi.

5 h 30

— Hello tout le monde !

Darin, Alon et Lital, qui ont croisé Shay et Tali sur le chemin du retour, déboulent avec des gobelets brûlants.

— Je vous présente une amie, Lital, nous dit Darin en posant les cafés sur la table.

Se tournant vers Alon, elle rajoute :

— Je n'ai pas besoin de faire les présentations ?

— Non, répond Shay.

Les deux hommes s'étaient rencontrés il y a quelques années, lors d'un voyage en Inde.

Mor et moi avons croisé Alon à plusieurs reprises. Le monde de la nuit est petit. Nous nous connaissons tous.

— Tu as l'air fatigué Alon, fait remarquer Mor.

— Je rentre d'un voyage en Europe. J'ai atterri il y a à peine quelques heures, dit-il, la mine blafarde.

— Tu arrives de l'aéroport ?? répète Tali, pensant qu'elle a mal compris.

— Oui, je ne voulais pas louper le Nova…

L'odeur du café chaud inonde la caravane. Je m'assieds sur le lit. Darin et Alon prennent place à côté de moi ; Lital et Tali restent à l'extérieur ; Shay et Mor naviguent entre les uns et les autres. Je me lève pour prendre un gilet : à cette période de l'année, l'air est encore un peu frais. Nous sirotons notre café en imaginant notre journée. Quels DJ irons-nous voir ? Quels amis allons-nous rejoindre ? Sur quel stand mangerons-nous ? Le souvenir du dîner d'hier me revient en mémoire :

— Il y a des super hamburgers près du stand de Smiley, je vous y emmènerai ! Vous allez vous régaler. Le type qui les prépare est adorable.

Mor intervient pour me rappeler que nos amis druzes du village Ussefiya ont ouvert leur stand :

— On pourrait aussi déjeuner chez Radda et Raif, leur nourriture est excellente.

La gastronomie druze est réputée pour ses feuilles de vigne farcies et ses pâtisseries salées. Nous allons nous délecter ! Nous parlons à bâtons rompus, nous coupons la parole à tour de rôle, passons du coq à l'âne puis Alon lance une idée :

— Pour immortaliser ce moment, je vous propose qu'on fasse un selfie tous ensemble !

Il ne nous en faut pas davantage pour bondir hors du lit. Lital et Tali ont disparu. Tant pis, nous aurons toute la journée pour prendre des photos avec elles. Mor, Shay, Darin, Alon et moi prenons la pose. Un clic, deux clics, le cliché est dans le téléphone. Nous sommes hilares.

Ce cliché, je le regarde désormais souvent en me remémorant le mot d'Alon : « immortaliser ». Rendre immortel. Si seulement il avait su ce qu'il disait à cet instant… Oui, cette photo a été prise pour que nos rires ne meurent jamais. Pour que notre joie demeure éternelle. Une demi-heure avant le début de l'horreur. Il m'a fallu du temps avant de pouvoir la regarder à nouveau. Dessus, nous avons l'air si heureux, si insouciants. Comment imaginer que, quelques heures plus tard, ces personnes qui respiraient la joie de vivre se retrouveraient dans ce même lieu, blotties les unes contre les autres, la peur au ventre ? Trois semaines après le drame, j'ai ressenti le besoin de poster cette photo sur mes réseaux sociaux, accompagnée d'un texte que j'ai écrit de façon presque automatique :

Bientôt, ces sourires innocents seront effacés.

Bientôt, la caravane dans laquelle nous avons dormi deviendra notre seul espoir.

Bientôt, la musique s'arrêtera pour être remplacée par des cris, des voix qu'on n'oubliera jamais.

Bientôt, nous comprendrons qu'on ne comprend rien.

Bientôt, une partie de notre âme restera collée au sol de la remorque pour y rester.

Bientôt, tout va commencer.

Bientôt, tout sera fini...

Pas un seul instant l'idée qu'il puisse nous arriver quelque chose ne nous a traversé l'esprit. Aucun d'entre nous n'a ressenti la moindre appréhension, le moindre pressentiment. Parfois, avant qu'un événement important se produise, nous accomplissons des gestes ou prononçons des paroles qui, avec le recul, prennent tout leur sens. Certes, il y a eu les mots d'Alon... mais rien de plus. Nous avons savouré chaque minute, chaque seconde de ce temps passé ensemble. D'ailleurs, pour quelles raisons aurions-nous été en alerte ce jour-là, précisément ? Aucune rumeur, aucune information n'avait laissé craindre une éventuelle attaque. Notre proximité avec la bande de Gaza et les Palestiniens n'était pas un sujet. Combien de fêtes et de festivals avons-nous organisés dans le sud d'Israël sans que jamais le moindre problème se pose ? Nous n'avions aucune raison d'avoir peur. Certes, nous vivons avec une épée de Damoclès au-dessus de la tête. Nous sommes conscients d'être entourés d'ennemis qui, pour la plupart, souhaitent la destruction de notre pays, mais nous faisons avec et, je dois l'avouer, nous vivons plutôt bien parce que nous possédons une des armées les plus puissantes au monde. Jusqu'à ce jour, elle veillait sur nous sans relâche.

Il n'y a pas si longtemps, j'écoutais le témoignage d'un soldat israélien qui se trouve sur le front, au cœur de Gaza. Voici le message qu'il transmettait au peuple israélien :

Sortez ! Riez ! Amusez-vous ! Faites ça pour nous ! Si nous savons que vous êtes bien, alors nous serons encore plus forts ! Votre rôle est de vivre, d'élever vos enfants, le nôtre est de vous protéger…

6 h 24

Nous n'avons qu'une envie : danser et nous amuser. Je demande à mes amis de m'attendre quelques instants, le temps que je me prépare. En passant devant le lit, je jette un coup d'œil sur mon sac rose, rempli à ras bord. Il est à sa place, tout va bien. Je ne me suis pas éclipsée depuis plus de deux minutes que Mor m'appelle :

— Qu'est-ce que tu fais Laura ? Tu te dépêches ?

Je me maquille en toute hâte et, pour calmer l'impatience de mes amis, je prends mes chaussures sous le bras et les rejoins à l'extérieur.

6 h 28

Assise sur les marches de la caravane, je noue tranquillement mes lacets. Soudain, un bruit inhabituel me pousse à lever la tête. Les festivaliers ont arrêté de danser, je les aperçois au loin… Ils regardent vers le ciel. Je me lève, fais quelques pas. La trance a brusquement cédé la place aux explosions. Des étincelles envahissent le ciel. Il était bleu, il est maintenant orangé. Nous nous regardons. Sans nous concerter, nous comprenons que des missiles sont lancés sur Israël. La majorité d'entre eux sont interceptés par le dôme de fer, notre système antiaérien. Ici, aucune sirène ne retentit car nous nous trouvons dans une zone ouverte et inhabitée.

Cette attaque marque le début de l'opération *Déluge d'Al Aqsa*, minutieusement préparée par le mouvement terroriste islamiste Hamas.

La musique s'arrête brusquement. Dans les haut-parleurs, c'est maintenant la voix du DJ qui résonne : « Alerte rouge ! Alerte rouge ! » Nous comprenons immédiatement : nous avons quinze secondes pour nous mettre à l'abri. La sécurité nous ordonne de sortir calmement à l'extérieur du site. Nous nous exécutons, gardant à l'esprit les instructions que nous connaissons pour ce type de situation : s'éloigner des voitures qui risquent de prendre feu si une roquette s'abat sur elles, se réfugier dans un abri s'il y en a un à proximité ; sinon, s'allonger à terre et mettre les mains sur la tête pour anticiper le cas où des débris de roquettes tomberaient sur nous.

Dès que je comprends la situation, je me précipite dans la caravane et m'empare de mon sac rose. Nos papiers d'identité et nos téléphones se trouvent bien à l'intérieur. Je sors rejoindre les autres. Davantage surpris qu'effrayés, nous sommes habitués à de telles attaques. Nous ne cédons pas à la panique. Ça ne signifie pas que nous n'avons pas peur. Qui sait ce qui peut arriver…

D'un pas rapide, nous gagnons les issues de secours ouvertes où nous attendons la fin des bombardements.

— Quand les missiles auront disparu, nous irons chercher la voiture et la caravane et nous rentrerons à la maison, m'annonce Shay.

J'acquiesce d'un signe de tête :

— De toute façon, aucune chance que le festival reprenne, lui dis-je avec une pointe de regret dans la voix.

Les agents de sécurité nous demandent de ne pas nous précipiter pour repartir, mais certains, décidant de passer outre leurs instructions, regagnent leur véhicule pour sortir du parking. Déjà, des embouteillages se forment. La route est bloquée.

À cet instant précis, je ne pressens rien d'anormal. Il s'agit seulement d'une attaque de missiles comme nous en subissons régulièrement. Nous devons cependant presser le pas : il ne nous reste que quelques secondes pour trouver un endroit où nous réfugier. Entre le début de l'attaque et l'instant où les missiles tombent, le temps qui nous est imparti dépend en effet du lieu où nous nous trouvons. Plus nous sommes proches de la bande de Gaza, plus vite nous devons nous abriter. À titre d'exemple, lorsque la région de Tel Aviv – à quatre-vingt-treize kilomètres de la bande de Gaza – est touchée, les habitants ont une minute et demie devant eux pour se mettre en sécurité.

Mais dans ce champ immense, où se cacher ? Pas un immeuble, pas une construction. Pas même un arrêt d'autobus à l'horizon. Ce ne sont pas ces quelques buissons qui vont nous protéger… Nous restons immobiles. Je me rapproche de Shay, pose la tête sur son épaule. Difficile d'exprimer ce que je ressens. Ce n'est pas la sensation d'être en danger. Ce n'est pas la peur de mourir. Je me souviens même avoir plaisanté sur un sujet futile :

— Quel dommage ! Le festival est terminé, nous n'avons pas eu le temps d'aller chercher nos bracelets bleus !

Peu à peu, la nervosité me gagne car l'offensive se poursuit. Une pluie de missiles perce le ciel. La tension monte. Maintenant, les gens fuient tous azimuts. Certains cherchent un refuge, d'autres tentent de rentrer chez eux par tous les moyens. L'un de nos amis commence à stresser et appelle son père. Une jeune fille tout de blanc vêtue semble prise de panique. Elle court, tombe, se relève, tombe encore. Elle est secourue par un jeune homme qui tente de l'aider à marcher et, surtout, à se calmer. Je les observe. Je me mets à leur place. Alors qu'ils dansaient et s'amusaient en toute innocence, des roquettes ont explosé au-dessus de leur tête.

Nous restons silencieux. Je croise le frère de mon ex-petit ami, au volant d'une voiture :

— Prends soin de toi Laura, me lance-t-il sans s'arrêter.

Lorsque l'embouteillage se diluera, nous prendrons la route, me dis-je.

6 h 55

La situation semble plus grave que ce que j'imaginais. Voici vingt-cinq minutes que nous subissons des tirs de missile. Habituellement, un bombardement ne dure jamais plus d'un quart d'heure.

7 h 15

Les événements semblent se calmer. La cadence des attaques de roquettes a diminué. Nous pénétrons dans l'espace du festival pour prendre la voiture, remorquer la caravane. Enfin, partir ! Partout autour de nous, les gens continuent de courir. Une voix résonne dans un haut-parleur : « La fête est terminée. Rentrez chez vous ! » Dans ce brouhaha, j'entends une voix masculine m'appeler. Je me retourne. C'est Hezi, le jeune garçon que j'ai embauché il y a quelques années.

— Ça va Laura ? me demande-t-il en s'arrêtant près de nous.

— Ça va. Et toi ?

— Je ne sais pas de quel côté partir, mais je vais y arriver. À bientôt, prenez soin de vous !

Nous atteignons tant bien que mal la caravane. J'y pénètre pour réunir toutes nos affaires puis m'empare des chaises, de la table et de tous les objets que nous avons laissés dehors. Je les balance à l'intérieur, ils tomberont où ils pourront. Pendant ce temps, Shay tente d'accrocher la caravane à la voiture.

— J'ai besoin d'aide ! Je n'y arrive pas !

Darin se précipite pour lui prêter main-forte. Impossible. Les crochets qui, habituellement, s'imbriquent facilement sont hors d'usage.

— Il faut soulever la caravane pour faire entrer l'attache dans la boucle, dit Darin d'un ton résigné.

— C'est impossible, elle est trop lourde ! Tu n'y arriveras pas !

— Mais si ! J'en suis tout à fait capable, insiste Darin. De toute façon, on n'a pas le choix.

— OK, essayons. Mets-toi à droite, je vais à gauche. À mon signal, tu soulèves la caravane, ordonne-t-il à Darin.

Après cinq minutes d'efforts surhumains, ils parviennent à leurs fins. Le stress commence à m'envahir : il règne une atmosphère étrange. Je sens qu'il se passe quelque chose d'anormal. Mais quoi ? La tension est palpable. Les missiles ont repris de plus belle. Au milieu des explosions, il nous semble entendre des coups de feu. Ça vient de loin. Ma peur s'accroît. Je veux partir.

Mon téléphone vibre, c'est mon père. Il a appris ce qui se déroule ici.

Tout va bien Laura ?

Au même moment, je reçois un selfie de mon frère Mickaël. Visiblement il n'est pas informé de la situation : il me tire la langue. Là où il se trouve, tout est calme. Je suis son aînée de dix ans et demi. J'ai patienté de longues années, le temps qu'il termine son service militaire, pour l'embarquer sur les festivals. Depuis, il n'en rate pas un, mais ce week-end-là, je ne sais pourquoi, il a préféré suivre ses amis à une autre fête. C'est la première fois qu'il refuse de m'accompagner. J'ai insisté, mais il a tenu bon. Mickaël aurait dû être avec moi aujourd'hui…

J'envoie à ma famille un message groupé ne laissant pas transparaître la moindre inquiétude :

Il y a des missiles. Le festival s'est arrêté. Nous attendons que ça se calme et nous rentrons à la maison.

Ma tante m'envoie un texto pour demander des nouvelles et me prévenir que ma mère n'est pas au courant des événements. Elle dort encore et c'est très bien ainsi.

À cet instant, ma confusion est totale. Je n'ai qu'une obsession : quitter les lieux au plus vite.

— Il faut se barrer d'ici !

Darin et ses amis regagnent leur voiture, Shay et moi montons dans la nôtre. Nous roulons quelques mètres, traversons la piste de danse pour atteindre l'issue de secours. La sonnerie de mon téléphone retentit à 7 h 37. Le prénom de Darin s'affiche :

— Laura, nous ne pouvons pas prendre la route. Il paraît qu'ils tirent partout !

Regardant autour de moi, je constate que les véhicules sont de retour, ils tentent désormais de repartir en empruntant des chemins parallèles, font demi-tour. En vain. Nous sommes encerclés.

Un ami ouvre la fenêtre de sa portière et hurle :

— Vous avez entendu ? On aurait tiré sur Abu Ashraf !

Ce nom ne m'est pas inconnu. Abu Ashraf est un ouvrier arabe avec lequel nous avons l'habitude de travailler pendant les festivals.

Surtout ne pas se laisser envahir par la peur. Garder son sang-froid. Ne pas imaginer le pire. Mais que faire ? Où aller ? L'étau se resserre. Il faut sortir du champ coûte que coûte. Nous comprendrons plus tard que cette décision nous a sauvé la vie. En effet, toutes les voitures garées sur les lieux ont été brûlées, leurs propriétaires, tués. Nous nous rendons à l'évidence. Il est impossible de partir. Des hommes armés bloquent les routes. Nous sommes condamnés à trouver une autre solution. Le plus vite sera le mieux.

À droite de la sortie de secours, nous apercevons un petit chemin.

— Nous devrions laisser la voiture et la caravane ici, propose Shay.

Sans attendre ma réponse, il met son idée à exécution. Mor et Tali, qui nous suivaient, se garent sur notre gauche. Le véhicule de Darin, Alon et Lital se positionne à notre droite, tout près de la porte d'entrée de la caravane. Détail anodin. Détail qui, cette fois aussi, nous sauvera la vie… Pas le temps de fermer les portières. Abandonnant les voitures sur le bord de la route, nous marchons à grands pas jusqu'au centre des urgences du festival, à deux cents mètres environ. Les missiles pleuvent. À bout de souffle, je trouve la force de rassembler mes esprits :

— Il y a un poste de police là-bas ! Il faut savoir ce qui se passe et d'où viennent ces tirs !!

Curieusement, je ne saisis pas encore la gravité de la situation. La peur nous gagne sans pour autant laisser place à la panique. La situation est confuse. D'où viennent les tirs ? Où se situe l'ennemi, précisément ? À quelle distance ? Tire-t-on depuis l'intérieur ou depuis l'extérieur du site ? À mon avis, ils ne sont pas tout près : aussi loin que mon regard se porte, je ne vois rien.

Un peu plus loin, un rassemblement attire notre regard. Une cinquantaine de personnes sont regroupées près des urgences. Nous nous apprêtons à les rejoindre lorsque j'aperçois Reuven, l'un des électriciens, en train de calmer Sharif, un ouvrier arabe. Il ne m'est pas étranger, il est le cousin d'Abu Ashraf. Affolé, Sharif gesticule, pointe du doigt l'entrée principale du champ. Je m'approche. Sans me laisser le temps de prononcer un mot, il hurle :

— Ils ont tiré sur Abu Ashraf ! Vous avez entendu ? Ils ont tiré sur mon cousin près de la station-service !!

— Calme-toi, lui dis-je en lui tenant le bras. Que se passe-t-il ?

— Abu Ashraf était parti chercher à manger pour les employés. À son retour dans les champs, on lui a tiré dessus.

Abu Ashraf a réussi à donner l'alerte et la nouvelle s'est répandue comme une traînée de poudre. Nous n'avons pas le temps d'intégrer cette information qu'il nous semble entendre à nouveau des coups de feu. Des tirs d'armes automatiques. Sidérée, je me tourne vers mes amis, cherchant les mots pour les apaiser :

— Les tirs que nous entendons ne viennent pas d'à côté. S'ils ont tiré sur Abu Ashraf à l'entrée, ça veut dire qu'ils sont loin, de l'autre côté du champ. Le site est immense !

À cet instant, nous n'avons aucune information tangible. J'essaye de me rassurer en me répétant sans cesse : *Ils sont loin, ils sont loin.*

Reuven nous transmet alors une indication qui va changer la donne :

— Les urgences ont déjà pris en charge les blessés !

Je me fige. Cette phrase résonne comme un électrochoc. D'un coup, la situation devient claire. Ils ont eu le temps d'amener des blessés aux urgences, à cent mètres de nous. Cela signifie que les hommes armés sont près d'ici. Mon esprit relie soudain les coups de feu aux missiles et je comprends. Nous sommes en danger de mort parce que ce sont des tirs de kalachnikov que nous entendons. Tout concorde. Ce sont des terroristes. Mon sang se glace.

Puis on nous confirme que des hommes du Hamas arrivent des quatre coins du champ. Je me tourne vers Shay. Nous échangeons un long regard puis faisons quelques pas de côté pour nous isoler. Deux policiers passent près de nous. Je remarque qu'ils possèdent une arme. Des pistolets, face à des mitraillettes, ils ne feront pas le poids… Regardant Shay dans les yeux, je lui dis :

— Mon cœur, il faut maintenant faire preuve de lucidité, de pragmatisme, et évaluer les risques.

Mon langage est devenu militaire. *Exit* la Laura effrayée, c'est la soldate qui s'exprime. Je me comporte comme si les galons venaient de regagner mes épaules. Ma voix est froide, mes observations, cliniques. Je n'ai plus peur, plus aucune émotion. À ce moment précis, mes sept années passées à l'armée ont dû m'aider.

Comme tous les Israéliens, je suis entrée à Tsahal à 18 ans. Deux ans après la création de l'État hébreu, en 1947, la loi sur le service de défense de 1949 a rendu le service militaire obligatoire : deux ans pour les femmes, trois pour les hommes. J'étais affectée à la police. J'avoue ne pas m'y être rendue de gaieté de cœur car mon travail consistait à sanctionner les soldats et à dresser des procès-verbaux en cas d'infraction. Je n'avais aucune envie de jouer les flics. Mes parents s'inquiétaient de la façon dont j'allais réagir aux ordres car, petite, je refusais de me soumettre à l'autorité. « Il y a deux possibilités, disait mon père. Soit tu finiras en prison, soit tu t'adapteras et tu iras loin. »

Les débuts ont été difficiles. Mon physique et mon allure me desservaient. Blonde, petite – 1,50 mètre à peine –, les ongles peints, je n'étais pas crédible aux yeux de mes supérieurs qui ne se fiaient qu'à mon apparence, sans se préoccuper du fond. Je parlais fort, fumais, paraissais fragile, un peu superficielle, capricieuse, surtout à l'heure des repas : « J'aime pas les oignons… », « Je ne veux pas manger ça… », « J'ai froid… » Mon père me répétait : « À l'armée, quand on a faim, on mange n'importe quoi ! » Il avait raison. Mon statut de femme me pénalisait également. Je devais sans cesse faire mes preuves.

J'ai fait mes classes puis, au bout de deux ans, j'ai accepté d'entrer à l'école d'officiers. Alors j'ai compris ce que veut dire souffrir physiquement et mentalement. J'ai persévéré, résisté avec la certitude, malgré tout, que je ne parviendrais jamais à franchir les nombreuses étapes pour accéder à ce grade. Pourtant, je les ai franchies. Je me suis engagée. Défendre son territoire et ses citoyens, c'est la raison d'être de l'armée de défense d'Israël. C'est devenu la mienne aussi. Lutter pour la survie de mon pays a magnifié mon sentiment patriotique. J'ai appris à me servir d'une arme, à respecter les règles, la discipline. Je me souviens : sept minutes pour fumer, vingt pour manger, cinq pour se doucher. Pas une de plus. C'était marche ou crève. J'ai failli crever, mais j'ai marché. Au terme de ces années de service, j'ai obtenu le titre de capitaine.

L'armée a forgé ma personnalité, m'a endurcie. Même si je garde mon petit côté « enfant gâté », je sais aujourd'hui que je peux me débrouiller seule, dans n'importe quel endroit et dans n'importe quel contexte. Je suis capable de supporter l'insupportable, de tenir bon face à l'adversité et, surtout, de prendre les décisions qui s'imposent. Sans trembler.

7 h 50

— Shay, regarde-les, lui dis-je en désignant le rassemblement près des urgences. Ils ont la sensation d'être en sécurité parce qu'ils sont regroupés, mais ils se trompent. Ils ne sont pas armés. Si un terroriste déboule avec sa mitraillette, il les tuera tous. Ce ne sont pas ces deux policiers avec leur pistolet qui pourront nous sauver la vie.

Mon mari garde le silence, alors je poursuis :

— Au moment où nous nous parlons, le danger ne vient pas des missiles. La probabilité pour qu'ils s'abattent juste sur nous ou sur notre voiture est très faible. En revanche, les kalachnikovs que nous entendons, elles, sont beaucoup plus dangereuses.

J'interromps mon monologue car le dôme de fer vient d'intercepter un missile non loin de nous, ce qui a donné lieu à une forte explosion. Je reprends :

— Ici, on ne peut se cacher nulle part. On est perdus au milieu d'un champ immense.

Shay approuve mes propos, mais ne prononce toujours pas un mot. J'imagine qu'il réfléchit à une solution alors que moi, j'ai la conviction de l'avoir trouvée :

— La caravane. Nous allons aller nous réfugier dans la caravane. Je crois que c'est l'option la plus sûre : ceux qui ont voulu fuir se sont fait tirer dessus.

Garée en travers de la route, la caravane peut laisser croire qu'elle a été abandonnée par ses propriétaires. Avec un peu de chance, les terroristes ne s'y attaqueront pas, la pensant inoccupée. Shay adhère immédiatement à ma proposition :

— Tu as raison mon cœur, allons-y !

Nous passons par les urgences récupérer nos amis. Des cris fusent. Les gens semblent effrayés. Ils réfléchissent ensemble, parlementent, marchent tous azimuts sans savoir où se réfugier. Sous mes yeux, une femme fait une crise de panique, une autre pleure dans les bras de son fiancé. J'aperçois Mor, Tali, Darin, Alon et Lital près du centre d'urgences. Sidérés.

— Venez avec nous ! crie Shay ! Dépêchez-vous.

— Où va-t-on ? demande Mor, surpris par notre soudaine énergie.

— Dans la caravane. C'est notre seule chance de nous en sortir vivants.

Nous marchons d'un pas pressé, jusqu'au moment où nous entendons les mitraillettes se rapprocher.

— Vite !

Nous courons maintenant en direction de la caravane. Je me retourne de temps à autre, aucun terroriste n'apparaît dans mon champ de vision.

8 h 00

Mor et moi sommes les premiers à pénétrer dans la caravane, suivis d'Alon, Darin, Lital et Tali. Shay entre le dernier pour fermer la porte à clé, sauf qu'il n'y a pas de clés, juste un rabat en plastique… Nous tirons les rideaux pour ne pas être repérés. La caravane est étroite pour sept. Nous nous asseyons à même le sol, près des lits superposés. Recroquevillés. Mor est à gauche, Darin, à droite. Moi, entre eux. Tali s'allonge à terre, les pieds dans notre direction, la tête près de Shay. Alon et Lital se couchent sur le grand lit. Certains commencent à chuchoter.

— Taisez-vous ! taisez-vous ! leur dis-je sur un ton péremptoire.

À peine ai-je prononcé ces mots que Darin réplique :

— Taisez-vous ! Laura et en train de faire une crise d'hystérie.

Avec un regard noir, je riposte :

— Non ! Je ne suis pas hystérique ! Vous ne comprenez donc pas ce qui se passe ? Taisez-vous, je vous dis !

Je sais ce que j'affirme et pourquoi. Il va se passer quelque chose, je le sens. Cette fois, nous sommes en danger de mort. J'insiste :

— Personne ne doit savoir qu'on est ici ! Il faut se taire !

Je suis cependant à mille lieues d'imaginer la scène d'horreur qu'est devenu l'extérieur. Dans mon esprit, deux ou trois terroristes se sont infiltrés dans le pays – ça arrive de temps à autre –, ils seront bientôt abattus par l'armée israélienne. Comment pourrais-je soupçonner que les commandos du Hamas sont en train d'envahir le sud d'Israël pour nous massacrer, non pas par deux ou par trois, mais par centaines ? Et comment pourrais-je imaginer que les soldats de Tsahal seront aux abonnés absents durant six heures ? J'observe mon mari. Il a préféré s'asseoir près de la porte, anticipant le cas où celle-ci serait forcée.

Il reste silencieux mais je perçois la peur dans son regard. Une peur toutefois maîtrisée : nous n'avons aucun élément concret sur les événements qui ont cours. Nous sommes seulement conscients que le danger nous guette. Quand ? Comment ? Nous l'ignorons, et heureusement. J'apprendrai plus tard qu'à l'instant où nous sommes entrés dans la caravane, les terroristes se trouvaient déjà sur le site, du côté de l'entrée principale, à l'opposé de l'endroit où nous étions garés. Ils couraient dans notre direction…

8 h 02

Voici à peine deux minutes que nous sommes dans la caravane et déjà, les tirs retentissent tout près de nous. Je tends l'oreille, j'entends parler arabe et je comprends. Les terroristes viennent de débarquer sur les lieux aux cris de « *Allah Akbar ! Allah Akbar !* ». Des hurlements nous parviennent, des bruits de pas, les sanglots de gens qui courent à perdre haleine… Si nous commençons à saisir que nous assistons à une opération de grande ampleur, nous sommes encore loin de la réalité. Je n'ai pas la présence d'esprit d'allumer mon téléphone pour regarder les actualités et les alertes. Je reste calme, je contrôle mes émotions. À l'armée, j'ai appris à maîtriser ma peur.

Je me souviens très précisément du jour où, pour la première fois, j'ai réussi à la dompter. J'avais 23 ans. L'une de mes missions, en tant qu'officier, consistait à envoyer des soldats au domicile des déserteurs pour les ramener à la base. Ce genre d'opération ne pouvait avoir lieu qu'au milieu de la nuit, de façon à mettre toutes les chances de notre côté pour les trouver chez eux. Mon statut m'obligeait à me rendre sur place de temps en temps, mais au début, j'avoue avoir inventé tous les prétextes possibles pour échapper à cette tâche. J'avais peur d'être confrontée à une réaction imprévisible et craignais pour ma vie. Un soir, pourtant, je n'ai pas eu le choix, je suis partie. Un bourdonnement sourd régnait dans l'immeuble. Après avoir gagné l'étage indiqué, j'ai frappé à la porte :

— Police militaire, ouvrez s'il vous plaît !

La porte s'est ouverte sur la mère du soldat qui a commencé à me battre avec brutalité. Je me suis défendue comme j'ai pu tout en gardant mon self-control. Pendant ce temps, son fils avait fui sur le toit et menaçait de se jeter du haut de l'immeuble. L'altercation a duré une heure avant que mes hommes réussissent à neutraliser le déserteur. C'est à cette occasion que j'ai compris que j'étais non seulement capable de me protéger, mais aussi de garder mon sang-froid. J'avais été confrontée à la violence ; pourtant, j'étais encore vivante. Ce jour-là, j'en suis persuadée, la peur m'a définitivement quittée…

8 h 16

Mon téléphone vibre dans ma poche. C'est mon frère, Mickaël, qui vient de me laisser un message vocal. Visiblement, il n'est au courant de rien :

Salut ! Ici tout va bien ! La fête continue. Si ton festival est fini, rejoins-nous quand…

Je n'ai pas le temps d'écouter la fin de sa phrase que je reçois un appel de mon ami Rami. Par chance, il n'a pas quitté l'appartement dans lequel il a passé la nuit. Incapable de lui répondre, je lui écris :

Je ne peux pas parler. Ils tirent dehors. On est cachés dans la caravane. Les forces de police ne sont pas là !

À la lecture de mon message, Rami essaye de joindre Mor. Il ignore que nous sommes ensemble. Ce dernier lui répond brièvement en chuchotant puis raccroche.

9 h 00

Les terroristes sont là, tout autour de la caravane. En voiture, à pied. Nous les entendons marcher, courir, hurler, tirer. Chaque coup de feu est ponctué de leur cri : « *Allah Akbar !* » Nous retenons notre souffle, attentifs au moindre indice susceptible de nous éclairer sur ce qu'ils font et sur l'endroit vers lequel ils se dirigent. Je les imagine, encagoulés, un bandeau vert autour de la tête, vêtus d'un treillis et, sur le bras, l'emblème du Hamas. Il représente la mosquée du Dôme du Rocher, à Jérusalem, entourée de deux drapeaux palestiniens présentant les mentions : « Il n'y a qu'un Dieu Allah » et sur l'autre : « Mahomet est le messager d'Allah. » Des sabres croisés encadrent la barre du Dôme sous une carte de la Palestine.

Le message est clair.

Le bruit nous paralyse : nous les imaginons se ruer sur nous. Le silence nous terrifie aussi car nous les visualisons près de la caravane.

Surtout ne pas bouger. Ne pas respirer.

Je n'arrive pas à les localiser. J'ai la sensation qu'ils sont derrière nous. Puis je les entends arriver à notre niveau. Ils nous dépassent. Plus rien.

Je chuchote :

— Ils sont partis ?

Durant quelques secondes, nous espérons que le cauchemar a pris fin, mais ils reviennent. Nous comprenons qu'ils poursuivent des gens pour les tuer, ce qui explique leurs va-et-vient. Nous percevons le bruit sourd des corps qui s'effondrent, puis des tirs, et nous comprenons que les terroristes achèvent les blessés. Ils s'assurent qu'aucun d'eux ne survive. Un cri, un gémissement, un coup de feu, un silence puis un dernier tir. Les blessés sont morts. Tous.

9 h 22

Je compose le numéro de la police. Personne ne répond. Comment est-ce possible ?

Désespérée, je renvoie un message à Rami.

Moi : *Si tu es en contact avec quelqu'un, dis qu'on est dans une caravane. On est cachés, il faut venir nous secourir !*

Rami : *Je sais. Ne faites aucun bruit, ne bougez pas.*

Moi : *Rami, ils sont juste là, dehors, on les entend crier, on a peur qu'ils aient investi tout le site… Personne ne sait qu'on est là !*

Rami : *Respire !*

Shay me murmure d'envoyer à Rami la localisation de la caravane. Je m'exécute mais comprends que mon ami est impuissant. Enfermé dans son appartement, il ne peut nous venir en aide.

Soudain, tout près, j'entends parler arabe. Un terroriste est là, juste derrière moi. Seule la tôle de la caravane nous sépare. J'ai l'impression qu'il se tient debout à quelques centimètres. Je me fige. Mes muscles se contractent, ma respiration se coupe… Il repart.

J'ai toujours eu conscience de la chance qui m'a été donnée d'avoir vécu dans une famille aimante et protectrice. Aussi loin que mes souvenirs me ramènent, mes frères et moi n'avons jamais été confrontés aux épreuves de la vie. Lorsque je suis arrivée à l'armée, je me suis retrouvée face à des histoires personnelles que je n'aurais jamais imaginées. Un jour, une soldate qui travaillait sous mes ordres m'a raconté qu'elle vivait seule avec sa sœur car elles n'avaient plus de parents, plus aucune famille. Par manque d'argent, elles étaient obligées de dormir dans un orphelinat. Je l'ai écoutée, sidérée. Pour moi, ces histoires n'existaient que dans les films. Je l'ai aidée autant que j'ai pu car se battre pour sa survie m'était inconcevable. Aujourd'hui, je suis là, avec mon mari, mes amis, et à notre tour, nous luttons pour vivre…

9 h 30

Je dois utiliser le peu d'énergie qu'il me reste pour réfléchir à une solution. Quelle est la personne la mieux placée pour nous venir en aide ? J'ai quitté l'armée depuis longtemps et aucune de mes relations n'en fait partie. Soudain, le souvenir d'un collègue de l'époque, très haut gradé, me revient à l'esprit. J'ai entendu dire qu'il était toujours en contact avec ce milieu. Lui pourrait peut-être nous sortir de cet enfer. Je cherche frénétiquement son numéro dans les contacts de mon téléphone, j'espère l'avoir conservé. Je le retrouve rapidement. Nous ne nous sommes pas parlé depuis plus de cinq ans, mais peu importe. Je n'ai rien à perdre.

***Moi :** Sassi, c'est Laura. J'ai besoin d'aide. Je suis cachée dans une caravane au festival Nova, il y a des terroristes !*

***Sassi :** Appelle la police !*

***Moi :** Je ne peux pas parler et la police ne répond pas. Je sais que tu es en relation avec l'armée, fais quelque chose !*

À le lire, je comprends qu'il travaille dans une mairie. Il est en ce moment même en réunion avec les forces de l'ordre.

***Sassi :** Je fais passer ton numéro à la police.*

Quelques minutes plus tard, un policier m'appelle. Je ne peux pas répondre. Il a, heureusement, la présence d'esprit de m'envoyer un message :

Nous allons envoyer une patrouille sur les lieux, mais surtout, restez cachés et en silence !

L'espoir s'éloigne… Ils n'arriveront jamais à temps…

Je transfère le message à Sassi puis ajoute :

À l'extérieur, ils parlent arabe. Je n'entends que de l'arabe. Je ne comprends pas ce qu'ils disent. Ils tirent, ils crient. J'ai l'impression que nous sommes seuls au milieu d'eux. Ils sont juste à côté de nous. Ils ont envahi le territoire ! Je crève de trouille !

Nous sommes piégés… assiégés… Foutus peut-être…

Partout autour de moi, j'entends la mort…

Mon téléphone vibre. Le nom de mon père s'affiche une nouvelle fois :

Papa : *Laura, tout va bien ?*

Moi : *Oui, ne t'inquiète pas.*

Papa : *Où êtes-vous ?*

Moi : *Sur le terrain de la fête. On attend qu'ils viennent nous chercher.*

Tous les quarts d'heure, les parents de Shay, ses frères, les miens, ma tante et nos amis nous envoient des messages. Ils cherchent inlassablement à savoir où nous nous trouvons, si nous sommes en danger. Mon père m'écrit sans cesse pour prendre de nos nouvelles et, toujours, je lui renvoie la même réponse. Elle est brève, rassurante, alors que nous allons probablement mourir. Cependant, je refuse de lui écrire la vérité. À quoi bon ? Il deviendrait fou. Pourquoi l'inquiéter alors qu'il ne peut rien faire pour nous sauver ? Si le pire venait à se produire, il le saurait bien à temps et surtout, une fois que tout serait terminé. Et si, par le plus grand des miracles, nous nous en sortions ? Il se serait inquiété pour rien. Je prends donc le parti de lui mentir et de le laisser croire que tout va bien.

Mon père n'est cependant pas dupe. Il s'informe minute après minute des événements qui se déroulent dans le sud d'Israël. S'il sait que des terroristes sont présents sur le site du festival, il ne se doute pas que je suis enfermée dans cette caravane, à quelques mètres d'eux.

10 h 00

Benjamin : *Est-ce que tout ce bordel se passe dans le festival où tu te trouves ?*

Moi : *Oui, les terroristes sont là. Je suis cachée dans la caravane, mais je t'en prie, ne dis rien à nos parents !*

Mon frère est le seul membre de ma famille à qui je révèle la vérité.

Ma mère, quant à elle, est épargnée jusqu'à onze heures du matin. C'est à cette heure-ci que mon frère, Benjamin, décide d'aller la chercher pour lui annoncer la terrible nouvelle. Elle n'a pas encore eu le temps d'allumer la télévision ni de consulter son téléphone. Afin de la ménager, mon frère prétend qu'il a besoin d'elle pour garder sa fille. Ma mère, folle de joie à cette idée, s'habille à la hâte et le suit. Sur le chemin, il commence à lui expliquer qu'une attaque de missiles est en cours dans le sud d'Israël. Elle ne réagit pas vraiment. Les bombes, c'est notre quotidien. Chez Benjamin, la télévision tourne en boucle. On y voit les *kibboutzim* puis le festival Nova. Mon frère tergiverse, pèse ses mots pour lui éviter un trop grand choc. Il finit par lui avouer la vérité près d'une heure plus tard, sans lui révéler que je suis enfermée dans la caravane. Elle n'a pas le temps d'encaisser le coup que Benjamin reçoit un appel de l'armée lui ordonnant de préparer rapidement son sac et de se rendre à un point de rendez-vous. En l'espace de quelques minutes, ma mère aura appris que sa fille était cernée par des terroristes et son fils, en route vers la guerre.

Je sais qu'à ce moment-là, elle a perdu la tête.

Les minutes s'éternisent. Nous nous regardons en silence.

Mon téléphone vibre à nouveau :

Shay : *Si tu veux, on peut se parler par messages…*

Moi : *Oui… Je t'aime, ça va bientôt se terminer…*

Shay : *Je t'aime aussi… Je sais mon amour… J'attends que ça se termine et je t'emmène loin d'ici…*

Voici près de trois heures que nous sommes enfermés dans cette caravane, sans l'ombre d'un espoir d'en ressortir, pourtant, je ne me résous pas à envisager une issue fatale.

10 h 23

Mickaël, loin d'imaginer la gravité de la situation, finit par appeler mon père qui lui dévoile la vérité. Mon frère m'envoie alors ce message :

Je viens de parler avec papa. Je t'aime.

10 h 40

Nous nous acharnons sur nos téléphones, chacun de notre côté, pour trouver de l'aide. J'écris à Shay :

Moi : *C'est un peu dur de ne pas être assis l'un près de l'autre…*

Shay : *Je sais, mais tout va bien. Tout ça va bientôt se terminer…*

Le silence est revenu. Les cris se font de plus en plus rares. Tout simplement, à ce moment-là, la plupart des gens sont morts. Nous commençons presque à nous habituer à la situation quand soudain, la caravane vacille. Un terroriste tente d'ouvrir la porte une première fois.

Une douleur violente me tord l'estomac. Mes jambes se mettent à trembler. Je reste comme paralysée. Shay et moi ne nous lâchons pas du regard. Personne ne crie. Personne ne bouge. Le terroriste redouble de forces. Il s'arrête brusquement. Nous comprenons qu'il a aperçu quelqu'un. Il lui court après en hurlant : « *Ta hal ! Ta hal !* », ce qui signifie : « Viens ! » en arabe. J'imagine qu'il cherche à le kidnapper. Coup de feu. Un corps à terre. Un autre tir, puis le silence.

C'est la mort de l'un des nôtres qui vient de nous sauver…

Nous profitons d'un calme relatif pour reprendre des forces.

Je renvoie un message à Rami :

Un terroriste a essayé d'ouvrir la porte de la caravane. S'il avait réussi, nous serions tous morts. Nous sommes seuls. Pas un policier, pas un soldat !

Shay tourne la tête vers nous et murmure :

— Nous n'aurions pas dû nous cacher dans la caravane. Nous aurions dû partir !

Darin renchérit :

— Oui, on aurait dû partir !

Un sentiment de culpabilité me submerge. Je suis responsable de cette situation. C'est moi qui ai eu l'idée de nous réfugier ici. J'ai décidé pour tout le monde. Mes amis et mon mari ont toutes les raisons de m'en vouloir.

Je découvrirai plus tard que j'ai mal interprété leurs propos. Ils ne me reprochaient rien, n'évoquaient pas le fait d'avoir accepté à tort de se cacher dans la caravane. Ils regrettaient simplement de n'avoir pas pris le risque de partir en voiture quand cela était encore possible. Avec le recul, je sais que cela ne l'était déjà plus. Si nous avions pris cette décision, nous ne serions probablement plus de ce monde.

Pour atténuer mes remords, je repense à cette expression que les commandants de l'armée lancent parfois à leurs troupes : « Derrière moi ! » Ils décident, ordonnent, embarquent leurs hommes et assument. C'est ce que je dois me dire, sauf que je n'y parviens pas. Rongée par la culpabilité, je regarde longuement mon mari, puis mes amis. Je suis sur le point de leur demander pardon de les avoir menés à leur perte. *Qu'est-ce qui m'a pris de les obliger à me suivre ? Ils vont tous mourir à cause de moi !*

Une goutte de sueur perle sur mon front. Je me tourne vers Darin, elle est en nage. Mor transpire. La température grimpe dans la caravane. Quarante-cinq degrés. Enfermés, les rideaux tirés sans aucune possibilité d'ouvrir les fenêtres. Pas un souffle d'air à l'intérieur. Nous suffoquons. Une image me vient à l'esprit, celle d'enfants, enfermés dans des voitures par fortes chaleurs, et qui succombent en raison du manque d'oxygène. C'est certainement ce qui va nous arriver. Avons-nous vécu tout ce temps pour finir ainsi ? Morts de chaud ?

11 h 30

Je sens monter une crise d'angoisse. Asthmatique, je commence, moi aussi, à manquer d'air. Je me concentre : *Respire ! Ne panique pas ! Respire doucement ! Inspire par le nez et expire par la bouche. Reste calme, surtout reste calme.* À force de fixer mon attention sur mon état physique, je parviens tant bien que mal à me détendre, jusqu'au moment où les voix des terroristes nous parviennent. Ils sont revenus. On dirait qu'ils se comptent maintenant par dizaines. « *Allah Akbar ! Allah Akbar !* » J'entends leurs rires, oui leurs rires. Ils manifestent visiblement leur joie d'avoir tué des Juifs. Si seulement ils s'étaient limités à tuer ! Ils ont commis des atrocités, sur les femmes notamment.

Leurs cris résonnent, ils semblent surexcités. Je reconnais le bruissement des petites voitures électriques de la production du festival. Ils roulent avec à vive allure en hurlant, kalachnikovs au poing, tirant tous azimuts. Ils sont heureux ! Mission accomplie.

Le temps passe. Personne ne viendra nous secourir. Pas d'armée. Nous sommes impuissants, aux mains du destin.

Soudain, un sifflement. Une balle transperce la porte et passe à quelques millimètres de la tête de Shay. Je tressaille. Darin retient un cri. Mon mari, en état de choc reste immobile. Nous visent-ils ou est-ce une balle perdue ? Ont-ils compris que nous nous cachons ici ? Second impact. Une balle est entrée dans la caravane, mais nous ignorons où elle s'est nichée. Je scrute le visage et le corps de mes amis, de Shay, tout va bien. Ils ne sont pas blessés. Le souffle coupé, nous nous affaissons un peu plus, anticipant le risque d'en recevoir une troisième. Puis nous percevons un bruit étrange, semblable à un écoulement. Me retournant, je découvre avec stupeur que la balle a touché la canalisation. Ce que nous entendons, c'est une fuite de gaz. Effrayés à l'idée qu'on nous tire encore dessus, nous ne mesurons pas l'étendue des dégâts, mais au bout de quelques minutes, une sensation étrange s'empare de moi : je suis anormalement épuisée. J'ai l'impression de m'endormir. Mes paupières deviennent lourdes. J'ai beau lutter, mes yeux se ferment. Mon corps s'engourdit.

Les questions se bousculent. Que m'arrive-t-il ? Comment est-ce possible alors que mon taux d'adrénaline a certainement atteint son maximum ? Pourquoi suis-je si fatiguée ? Est-ce ma façon à moi de me protéger en me réfugiant dans le sommeil ? J'ai besoin de comprendre. Ça ne me ressemble pas. Je ne vais tout de même pas m'assoupir et abandonner mes amis ? J'ai beau me raisonner, je me sens partir. Je me tourne vers les autres, ils sont dans le même état que moi et à ce moment-là, je saisis que les émanations de gaz sont en train d'envahir l'intérieur de la caravane. Il me semble que personne autour de moi ne comprend. Tous sombrent peu à peu. Que faire ? Ils ne se rendent compte de rien. Si je les préviens, ils pourraient paniquer et arrêter de respirer. Je me pince aussi fort que possible pour rester éveillée et garder ma vigilance. Si nous nous endormons, nous nous réveillerons à Gaza.

Écrasée par la chaleur, Darin trouve, malgré tout, la force de prendre une bouteille d'eau dans un coin de la caravane et nous la fait passer.

— Aspergez-vous !

— Ne gaspille pas l'eau, lui dis-je. Nous ne savons pas combien de temps nous resterons ici. Nous en aurons peut-être besoin plus tard, il fait très chaud !

J'attends désespérément que l'armée débarque pour nous sauver. Je tends l'oreille, dans l'espoir d'entendre des paroles en hébreu, un hélicoptère, un tank. Rien. Une nouvelle image me vient alors en tête. Je pense aux massacres perpétrés parfois à l'intérieur des écoles aux États-Unis, lorsqu'un homme armé tire sur la foule. Dans de tels cas, les élèves peuvent se cacher dans des armoires ou des placards, avec la quasi-certitude de ne pas être découverts, tout simplement parce qu'ils trouvent refuge dans un lieu fermé, et qu'ils sont protégés par la police. Mais nous, nous sommes dans une caravane au milieu de nulle part, à portée de main des attaquants. Je dois être lucide : nous n'avons aucune chance.

Shay : *Je ne sais pas quoi faire…*

Moi : *Nous n'avons rien à faire, seulement rester cachés et attendre…*

Shay : *Personne ne sait qu'on est là…*

Moi : *Si ! Ils savent. J'ai envoyé des messages à Rami et à Sassi… Attendre juste un tout petit peu… On partira loin d'ici et on réalisera tous nos rêves…*

Shay : *Tu es ma vie, je t'aime et on partira le plus vite possible…*

Partir… Nous répétons ce mot sans cesse sans en comprendre réellement le sens. Mourir ? Vivre ? Je ne sais pas…

Le sentiment de culpabilité me submerge à nouveau. Je me débats avec moi-même pour essayer de trouver une bonne raison d'avoir entraîné mes amis dans cet enfer. Je n'imaginais pas que les terroristes seraient aussi nombreux, que cette attaque durerait aussi longtemps. Et surtout, je n'avais aucun doute sur le fait que les soldats viendraient nous libérer rapidement. Où sont-ils ? Pourquoi n'arrivent-ils pas ? Je ne ressens aucune colère, je n'en veux à personne. L'armée fait ce qu'elle peut. Je ne comprends pas encore que notre pays subit des événements exceptionnels.

Je me redresse, j'ai l'impression de retrouver un peu d'énergie. Je regarde autour de moi, mes amis et mon mari semblent s'animer eux aussi. Aussi étrange que cela puisse paraître, quelque chose en moi me dit que ce n'est pas mon heure. Malgré la peur qui me tenaille, la présence du Hamas autour de nous, je me persuade que nous allons nous en sortir. Je crois encore à notre libération.

11 h 42

Maman : *Laura, ma chérie, où es-tu ? Comment vas-tu ?*

Moi : *Ne t'inquiète pas maman. Tout va bien. Je suis en sécurité.*

Ma mère m'envoie ensuite plusieurs textos, mais je suis dans l'incapacité d'y répondre.

Moi : *Maman, je ne peux pas parler…*

Elle me racontera plus tard qu'à la lecture de mon message, elle a pensé que je m'étais cachée peut-être dans un arbre ou dans les champs, ce qui expliquait mon absence de réaction. À elle aussi, je vais mentir jusqu'à la dernière minute. Je pense la protéger, mais j'ai oublié un détail : elle est une mère et, comme toutes les mères, elle ressent ses enfants. Elle n'a pas cru un mot de ce que je lui ai écrit. Dès l'instant où j'ai cessé de lui répondre – ce qui n'est pas dans mes habitudes –, elle a compris que j'étais en danger. En grand danger. Ma mère restera sans nouvelles de moi jusqu'à quinze heures…

11 h 43

Les terroristes sont là, tout près. Je les entends tirer, crier, ouvrir des portières de voitures et tuer des gens à l'intérieur. « Qu'ils meurent tous au nom de l'islam ! *Allah Akbar ! Allah Akbar !* »

11 h 49

Je reprends mon téléphone pour consulter les sites d'information. À la lecture des nouvelles, je commence à comprendre que cette attaque s'est abattue sur tout le sud du pays, que des gens sont assassinés, kidnappés. Bien que j'ignore encore les détails, cela suffit à me faire comprendre que la zone du festival a été bouclée par le Hamas. Nul ne peut y accéder pour nous secourir. Désespérée, je renvoie un message à Rami pour lui faire partager ce que je vis :

Moi : *Ils sont en train de kidnapper quelqu'un. J'entends tout ! Oh mon Dieu ! Ils lui ont tiré dessus ! Ils l'ont tué ! Ça empire !*

Rami : *Je fais tout ce qui est en mon pouvoir pour vous sortir de là. J'ai alerté la police et l'armée. Tiens le coup, je t'en prie !*

La panique s'installe. La fin approche, elle est inéluctable. Je ne sais plus à quel saint me vouer pour demander de l'aide. Je tente ma chance une dernière fois en écrivant à Sassi :

Aucune force ne vient nous sauver ! Nous allons mourir ! Où est l'armée ?

C'est seulement lorsque j'apprendrai que les *kibboutzim* étaient attaqués au même moment que j'aurai un début d'explication à cette absence.

J'envoie à Shay des captures d'écran de personnes cachées dans les arbres, attendant désespérément qu'on vienne les chercher, des images de terroristes dans les villes alentour. Je lui transfère également un message de Sassi m'avouant que la situation est très inquiétante.

Moi : *Ils ne savent pas comment nous sortir de là…*

Shay : *Tu parles toujours avec la police ?*

Moi : *Non, ils m'ont priée de rester joignable et ont demandé la localisation de la caravane.*

Soudain, j'entends Lital gémir puis se redresser.

— Que se passe-t-il ? Que fais-tu ? chuchoté-je, affolée. Recouche-toi !

— Je ne peux pas ! Je ressens des fourmis dans tout le corps, j'ai mal, je ne peux plus rester là…

Elle n'a pas le temps de joindre les actes à la parole qu'un bruit sourd nous parvient.

11 h 55

Un terroriste tente pour la seconde fois de défoncer la porte, sauf que celui-ci n'a pas l'intention d'abandonner. Il s'acharne, donne des coups d'épaule, des coups de poing. La caravane tremble, chancelle, mais résiste. Il a beau s'évertuer à tours de bras, rien n'y fait : par chance, la porte s'ouvre de l'extérieur. Il s'obstine, s'énerve. Il suffirait d'un tir de kalachnikov dans la serrure, mais la voiture de Lital, tout près de la porte, ne laisse pas suffisamment de recul pour installer une mitraillette. Enragé, impuissant, l'homme casse les fenêtres du véhicule. D'autres membres du commando s'y mettent. J'ai l'impression que mon cœur s'arrête de battre. *Ce n'est qu'une question de temps. Ils finiront bien par y arriver.* Nous nous allongeons sur le sol pour éviter d'être repérés.

Soudain, un terroriste s'approche de la fenêtre et regarde à l'intérieur de la caravane. Il hurle quelque chose en arabe. Je croise le regard de mon mari, il semble terrifié alors je comprends.

— Ils nous ont eus, nous dit-il d'une voix étranglée…

Puis, me regardant, il murmure :

— Envoie des messages… Ce sont nos dernières minutes…

C'est fini. Nous allons mourir. Notre espoir, aussi mince soit-il, de sortir vivants vient de s'effondrer, tout comme le pressentiment qui m'animait, il y a à peine quelques minutes, que nous échapperions au pire. Nous avons tremblé pendant des heures, stressé sans savoir quel sort nous attendait, mais maintenant, le jeu est terminé. Mon heure, et celle de tous ici, a sonné. Il ne nous reste plus qu'à attendre de voir cette porte s'ouvrir. L'ennemi a compris que des Juifs vivants se trouvaient ici, il ne lâchera rien, quel que soit le temps que cela prendra.

Je me redresse, semblable à un automate. Je prends mon téléphone pour rédiger un dernier message. Un message d'adieu. À qui vais-je l'envoyer ? Même si la fin est écrite, je ne me résous pas à prévenir mes proches. Ils ne doivent rien savoir tant que je suis encore en vie. Je décide d'écrire à Rami, à Sassi, dans l'espoir que l'un ou l'autre leur transmette mon SMS.

Ils nous ont eus. C'est terminé. Nous vivons nos derniers instants. Dis à ma mère, à mon père et à mes frères que je les aime et que je suis désolée de leur avoir menti.

Je relève la tête, regarde Shay. Un regard qui veut dire : c'est fini, tu as été l'amour de ma vie, pardon. Nous ne nous lâchons pas des yeux. Je parviens à lire sur ses lèvres les mots qu'il m'adresse en guise d'adieu :

— Je t'aime Laura.

— Je t'aime Shay.

J'aurais tant aimé le toucher, le sentir une dernière fois. J'aurais tant aimé mourir près de lui.

Un silence de plomb règne dans la caravane. Il ne me reste que quelques minutes à vivre et, une fois encore, le sentiment de culpabilité revient en force. Je n'en veux qu'à moi-même. Ni à Tsahal de ne pas nous avoir sauvés, ni au Hamas de nous massacrer. Tout est ma faute, je porte l'entière responsabilité de la mort de mes amis et de mon mari. Des pensées sans queue ni tête défilent dans mon esprit. Quand tu es bête, tu ne te rends compte de rien, ce sont les autres qui en souffrent.

Quand on meurt, il se passe la même chose. Moi, je vais mourir et je ne me rendrai compte de rien, mais que vont devenir mes parents ? Comment vont-ils réagir à l'annonce de ma disparition ? Comment survivront-ils ? Et mes frères ? Benjamin sera probablement convoqué par sa hiérarchie qui lui annoncera que j'ai été assassinée. Mickaël qui, quelques heures auparavant, me proposait de le rejoindre à son festival, Mickaël qui danse peut-être encore, verra quelqu'un arriver vers lui et lui dire : « Tu n'as plus de sœur, elle est morte. » J'ai si mal pour eux !

Mon mari résiste autant qu'il le peut en bloquant la porte. J'ai peur qu'il se fasse tirer dessus. L'idée de continuer ma vie sans lui m'est insupportable, je préfère mourir. Darin se rapproche et pose la tête contre moi, je tends la main vers Mor, enroule un bras autour de ses épaules. Nous attendons la fin.

Je n'accepte pas la mort de mes amis, mais j'accepte la mienne. Je me suis résignée à mourir dès l'instant où j'ai dit adieu à Shay. Je pose mon téléphone à terre, il ne me sera plus d'aucune utilité car, à présent, personne ne peut plus rien pour nous. Il est trop tard. Je regarde mon mari une dernière fois, renverse la tête en arrière puis ferme les yeux. C'est la seule image que je veux garder avant de partir. Je m'attends à présent à avoir mal. J'attends la balle qui va venir trouer mon bras, mon dos ou ma tête. Comme quelques secondes avant un violent accident de voiture, j'attends le choc. La douleur.

Je veux mourir vite et souffrir le moins possible.

12 h 02

Les terroristes s'escriment maintenant à détruire la caravane à coups de marteau. Ils tapent de plus en plus violemment sur la porte, sur la carrosserie. En vain. À chaque impact, je sursaute. La rage décuple leurs forces. Ils s'attaquent à présent aux fenêtres qui résistent : elles ne sont pas en verre, mais en plastique, en PVC plus exactement. Elles se fissurent mais ne se brisent pas. À court d'idées, ils s'en prennent bientôt à notre voiture dont ils cassent les vitres pour entrer à l'intérieur. Notre caravane y est attachée. Une peur panique s'empare de moi, incontrôlable, incomparable à celle que j'ai ressentie ces dernières heures. J'ai compris : ils vont prendre notre voiture et nous emmener. Tout mais pas ça ! Je ne veux pas être prise en otage ! Je refuse de subir le même sort que ces femmes kidnappées. La brutalité qu'elles subissent, la terreur dans les yeux, la peur au ventre, les civils qui se jettent sur elles.

Non ! C'est inconcevable ! Ils ne me toucheront pas ! Ils ne me déshabilleront pas ! Ils ne me violeront pas ! Ils ne m'emmèneront pas à Gaza ! Je préfère mourir !!!

J'anticipe à présent les événements. Les terroristes vont finir par entrer dans la caravane, nous prendre chacun notre tour et, quand ils arriveront à moi, je me débattrai, je me montrerai insupportable, indomptable pour qu'ils me tuent, et le plus rapidement possible ! Nous sommes en état de choc, paralysés par la peur. J'entends Mor murmurer, je comprends qu'il prie. Moi qui ne suis pas croyante, qui ne puis me raccrocher à Dieu, je prie aussi. Je prie ma grand-mère, la seule qui traverse mes pensées en cet instant. Elle s'appelait Aviva, c'était la mère de ma mère. Elle est morte il y a quelques années. Je l'adorais, d'ailleurs je me suis fait tatouer sur le poignet une Dame de Cœur en souvenir de sa passion pour les jeux de cartes. Ma grand-mère était une femme exceptionnelle, d'une incroyable modernité. Née en Israël, elle y a fait son service militaire et vécu avec mon grand-père avant même de se marier, ce qui était contraire aux mœurs de l'époque. Elle a attendu l'âge de 27 ans pour l'épouser dans un pays où les femmes se rangeaient à 18. Féministe jusqu'au bout des ongles, elle disait : « J'ai dansé sur toutes les tables de tous les bars de Jérusalem avant de rencontrer mon mari. » J'entretenais avec ma grand-mère une grande complicité parce qu'avec elle, aucun sujet n'était tabou. Nous parlions de tout. Je me reconnaissais en elle.

À présent, c'est vers elle que s'élèvent mes prières. Je ne l'implore pas de me sauver car je nous sais perdus, mais je la supplie de me protéger de ces monstres : *Aide-moi, garde-moi près de toi,* savta – *ce qui signifie « mamie » en hébreu. Préserve-moi de ce qu'ils pourraient me faire subir.* Les yeux fermés, les mains jointes, je suis désormais avec elle de toute mon âme : *Aide-moi à mourir le plus rapidement possible, le moins douloureusement possible, pour que je vienne te rejoindre.*

Un écoulement d'eau me tire de mes prières. Je me tourne vers la canalisation qui a cessé de fuir. Nous cherchons partout, jusqu'au moment où nous comprenons que les terroristes sont en train d'arroser la caravane de liquide. Une odeur de fumée se répand alors à l'intérieur.

— Ils mettent le feu ! constate l'un d'entre nous.

Je m'aperçois alors que ma tête, ainsi que celle de Mor, est posée sur le ballon de gaz. Ça me revient : hier, l'eau chaude a manqué lorsque nous avons voulu nous doucher. Il reste probablement peu de gaz, mais suffisamment pour que la caravane s'enflamme. J'ignorais comment nous allions mourir. Je le sais à présent : nous partirons brûlés vif. Peu m'importe, pourvu que je ne finisse pas entre les mains du Hamas.

Les minutes me paraissent des heures et le temps moribond s'écoule à une vitesse vertigineuse.

12 h 30

Soudain, une curieuse accalmie. Les terroristes ne cherchent plus à ouvrir la caravane. Comment interpréter leur silence ? Ont-ils trouvé un autre moyen de nous sortir de là ? Nous les entendons discuter. Shay, qui comprend l'arabe, ne parvient pas à traduire leurs propos. Puis des tirs à nouveau. Des rafales de mitraillette. Mon corps se raidit. Pourquoi tous ces coups de feu alors que la majorité de nos compagnons de fête sont morts, blessés ou enlevés ? Les tirs redoublent, mais cette fois, en alternance. Alors mon esprit s'éclaire. C'est un échange de tirs. L'armée israélienne est là ! La bataille fait rage. Loin de crier victoire, nous nous couchons au sol. Les balles fusent. Nous craignons qu'elles nous atteignent. L'odeur de fumée est insoutenable. Émane-t-elle de notre caravane ou des voitures brûlées autour de nous ? Probablement des deux. L'angoisse ne nous lâche pas. Je parviens à saisir mon téléphone pour envoyer un message. Il me reste peu de batterie, j'abandonne. Nous restons dans cette position, immobiles, durant une heure. Une heure de combats acharnés entre le Hamas et Tsahal. Un temps interminable.

Shay : *J'ai très peur que Tsahal bombarde le site…*

Moi : *Mon amour…*

13 h 10

Les tirs ont cessé. Le silence s'installe à nouveau. Mor se relève, s'approche de la fenêtre sur la pointe des pieds et tire discrètement les rideaux pour regarder à l'extérieur. Il aperçoit au loin des hommes vêtus d'un pantalon et d'une veste kaki. Il croit reconnaître les soldats de Tsahal. Comment en être certains ? Comment les distinguer des terroristes, sachant que ces derniers volent des uniformes de l'armée israélienne qu'ils revêtent pour commettre incognito des attentats en Israël ? Nous ne pouvons en aucun cas faire confiance à ce que nous voyons. Autre hypothèse : le Hamas, après avoir éliminé tous les soldats, attend peut-être que l'on sorte pour nous tuer ? Il n'est pas question de bouger. Mor se rassoit quand tout à coup, la sonnerie de mon téléphone retentit. Rami vient de me transférer un enregistrement audio de Yagil sur WhatsApp. Yagil, l'un des producteurs du Nova, est également le directeur de la société de sécurité qui gère les festivals. J'apprendrai plus tard qu'il a réussi à évacuer des gens et à les sauver, puis que, après être revenu sur place, il a trouvé une arme et s'est battu aux côtés de l'armée israélienne. Il s'est révélé une aide précieuse auprès des soldats grâce à sa parfaite connaissance du site, de ses entrées et sorties ainsi que des recoins cachés et reculés.

Yagil : *Nous avons liquidé tous les terroristes ! Nous contrôlons la totalité du terrain. Envoyez cette localisation à tous ceux qui se cachent et demandez-leur de sortir et de venir vers nous les mains en l'air.*

Je n'en crois pas mes oreilles. J'ai besoin de m'assurer que je ne délire pas, alors je branche le haut-parleur de façon que tout le monde entende. C'est bien la voix de Yagil qui nous demande de quitter la caravane. Nous nous regardons, hébétés, incapables de prononcer le moindre mot. Au bout de quelques secondes, Mor se décide à prendre la parole :

— Que fait-on ?

— On n'y va pas, répond Shay.

— Tu as raison, on ne bouge pas d'ici, renchérit Darin.

J'acquiesce, tout comme Alon et Lital. D'un commun accord, nous décidons donc de rester à l'intérieur de la caravane. La localisation qu'il nous a transmise n'est pas assez précise. Si, par malheur, nous nous trompons de direction, cela peut nous être fatal. Nous n'avons pas frôlé la mort tout ce temps pour prendre le moindre risque maintenant. S'il reste encore un petit espoir de vivre, gardons-le précieusement et restons prudents.

Cinq minutes se sont écoulées lorsque Shay prend l'initiative d'appeler Yagil :

— Yagil ! Tu es là ?

— Je vous vois, répond-il d'un ton calme. J'aperçois la caravane de l'endroit où je me trouve. Vous êtes à deux cents mètres de moi. Courez vers nous, les mains en l'air. Vous pouvez sortir, tout va bien.

Si nous ne sommes pas encore certains d'être définitivement hors de danger, une chose est sûre : nous allons sortir de cette caravane, vivants et libres.

Le seul mot qui sonne comme une évidence quand je repense à ce que nous avons traversé est « miracle ». Si nous parvenons à nous en tirer sains et saufs, alors oui, nous serons des miraculés. Nous aurions dû être morts, kidnappés ou brûlés, et nous sommes vivants. Comment l'expliquer ? Les terroristes ont tenté par tous les moyens d'ouvrir cette porte, ils ont échoué. Ils ont essayé de casser les fenêtres, en vain. Ils nous ont tiré dessus, les balles nous ont frôlés sans jamais nous atteindre. En dernier recours, ils ont voulu nous brûler. Le feu s'est éteint de lui-même puis l'armée est arrivée. Peut-on résumer tout cela à un simple coup de chance ? Je ne le crois pas. Certains pensent peut-être que la main de Dieu nous a protégés. Ce n'est pas mon cas. Toutefois, le miracle ne fait aucun doute car je n'aurais jamais dû pouvoir témoigner.

Trois semaines plus tard, j'ai souhaité revoir la caravane. Je me suis rendue dans le parking où avaient été emmenés tous les véhicules. Elle était là, criblée de balles, détruite, enfoncée de toutes parts, vitres brisées. Je l'ai longuement regardée et me suis dit : *Comment cette carcasse a-t-elle pu nous sauver la vie ? Comment est-il possible que nous ayons survécu ?* Un poids énorme m'a alors quittée. Un poids beaucoup plus lourd que la peur de mourir, celui d'avoir failli être la seule responsable de la disparition de mon mari et de mes amis. Mon histoire n'a aucun sens, aucune logique. Elle ne peut s'expliquer que par quelque chose qui nous dépasse, quelque chose d'indéfinissable qui m'échappe, que je ne comprends pas et ne comprendrai jamais. Dans une moindre mesure, je compare souvent cette situation à ma rencontre amoureuse avec Shay. Pourquoi sommes-nous restés si longtemps amis avant que ce soir-là… ?

L'Univers nous a guidés, les planètes se sont alignées.

4

La libération

14 h 00

Ce 7 octobre, ce n'est pas mon heure, cette fois, j'en suis convaincue. Rassurés par les mots de Yagil, nous décidons finalement de sortir de la caravane.

— Allons-y, dit Shay qui tente à plusieurs reprises d'ouvrir la porte, en vain. Mor ! Aide-moi, je n'y arrive pas !

Les deux garçons se mettent à donner de violents coups de pied. Comment a-t-elle pu se coincer ainsi ? Elle n'est même pas fermée à clé ! Ce n'est qu'au bout de quelques minutes qu'elle finit par s'ouvrir. Ni Shay, ni moi, ni mes amis ne pensons à nous étreindre. Malgré la confiance aveugle que nous portons à Yagil et à l'armée, nous ne sommes pas tranquilles. Un terroriste a peut-être réussi à se cacher ; on va peut-être nous tirer dessus. Tout peut encore arriver. Nous agissons en pilotage automatique. Il est temps de sortir. Je me mets à courir sans me retourner.

Impossible d'évoquer ce que j'aperçois. Massacre, sauvagerie, barbarie ; il n'est pas un terme pour décrire ne serait-ce que le dixième de ce que je vois. J'ai vécu des guerres, vu des soldats morts, blessés, des voitures et des maisons brûlées, j'ai essuyé des tirs, affronté des roquettes, mais la scène qui s'offre à moi est sans commune mesure avec les tragédies auxquelles j'ai déjà été confrontée. Je regarde à droite, je regarde à gauche. Je regarde partout autour de moi. À perte de vue, des corps ensanglantés par dizaines gisent au sol. À perte de vue, des poussettes abandonnées. À perte de vue, des cadavres.

Je poursuis ma course, les bras en l'air pour ne pas être confondue avec l'ennemi. Près d'une voiture bleue, j'aperçois un couple blond d'une vingtaine d'années. Elle porte une jupe de couleur marron, lui est torse nu. Ils semblent endormis l'un près de l'autre. Morts. Un peu plus loin, mon regard se pose sur des corps amoncelés, entassés. Les terroristes les ont rassemblés pour les ramener à Gaza. Comme si les vivants ne leur suffisaient pas… Les otages représentent pour eux une monnaie d'échange qu'ils négocieront à prix d'or ; les morts également. Ils savent l'importance que nous, les Juifs, accordons aux corps. Ils l'ont compris, nous sommes prêts à tout pour les récupérer et les enterrer comme il se doit. Combien de soldats meurent aujourd'hui à Gaza en tentant d'aller chercher les dépouilles de nos otages assassinés ! Oui, pour nous, la valeur d'un vivant est la même que celle d'un mort. Au milieu des cadavres, je cours à perdre haleine, j'aimerais fermer les yeux pour ne plus voir. Mais c'est impossible. Il me faut enjamber des corps. Est-ce que je passe près d'un visage connu ? Peut-être. Sur l'instant, je crois que mon cerveau me protège. Aujourd'hui encore, mes souvenirs restent flous.

Enfin, j'aperçois Yagil. Debout, il nous attend. Des civils et quelques soldats s'affairent autour de lui. Il me tend les bras.

— Tout va bien ? Vous n'êtes pas blessés ? Entrez sous la tente !

Des hommes et des femmes sont allongés à même le sol. Ils gémissent, le regard vitreux. Certains pleurent, d'autres sont en état de sidération. Tali, qui possède un diplôme d'infirmière, propose immédiatement son aide, mettant entre parenthèses ce qu'elle a enduré pendant six heures :

— Comment puis-je me rendre utile ?

Sans attendre de réponse, elle se précipite auprès des blessés, panse leurs plaies tout en les réconfortant :

— Ça va aller maintenant, c'est fini. Ne bougez pas, laissez-moi faire, leur dit-elle d'une voix douce.

Reprenant mes esprits, je pense à mes proches qui doivent se morfondre en attendant de mes nouvelles. Je plonge la main dans mon sac rose pour y prendre un chargeur que je branche à mon téléphone puis m'éloigne de quelques mètres, à la recherche d'un endroit isolé pour parler en toute tranquillité. Mais où que j'aille, les cadavres gisent. Certains ont une balle dans la jambe ; d'autres sont touchés au ventre, au bras. Tous ont reçu une balle dans la tête. Les terroristes ne leur ont laissé aucune chance. Ils leur ont tiré dessus plusieurs fois. Les plus résistants ont été achevés d'une balle dans la tête.

Après avoir rassuré ma famille, je retourne près de la tente. Juste à côté, à droite, je remarque le corps d'un homme, les yeux encore ouverts. J'ai l'impression qu'il me fixe. Je détourne le regard. Une personne que je ne connais pas le pointe du doigt et m'interpelle :

— Regarde ! C'est un terroriste !

Je m'approche :

— Non, ce n'est pas un terroriste. C'est un festivalier. Il porte le bracelet bleu du Nova.

Sans attendre, je me mets à la recherche d'un drap, d'une couverture pour le couvrir. La religion juive nous interdit de voir un mort, par respect pour lui. Je parcours du regard le champ. Peut-être trouverai-je un vêtement, une tenture, un tissu, que sais-je ? J'ai beau balayer l'ensemble du site, je ne distingue que des corps. Derrière les buissons, des corps ; sous le chapiteau, des corps ; près des buvettes, encore des corps. Partout des corps. Il faut imaginer un gigantesque terrain qui s'étend à perte de vue avec des dizaines de personnes, mais des dizaines de personnes à terre, et mortes. *Si je couvre ce corps, comment ferai-je avec tous les autres ?*

Un soldat s'approche :

— Les voitures manquent pour ramener les blessés. Pouvez-vous nous aider ? Êtes-vous véhiculés ?

— Nous avons trois voitures, mais nous devons vérifier dans quel état les terroristes les ont laissées, dit Shay.

— OK, ne perdons pas de temps, allons-y ! ordonne Mor. Dépêche-toi Lital !

Lital, encore en état de choc, ne trouve pas la force de se lever.

— Peux-tu y aller à ma place, Mor ? demande-t-elle en lui tendant les clés.

Ne perdant pas une seconde, Shay et Mor courent chercher ce qu'il reste de nos voitures. Celle de Mor est détruite. Il est impossible de l'utiliser. Les deux autres véhicules ont les vitres brisées, mais, par chance, sont en état de marche. Les deux amis les amènent devant la tente. Mor ouvre sa portière et fait entrer les blessés. Il se tourne vers Lital :

— Tu te sens capable de prendre le volant ?

— Non, je n'y arriverai pas, répond Lital.

Fort heureusement, un jeune homme sain et sauf se propose pour conduire. Il ouvre la portière, invite Lital à monter à sa gauche, aide les blessés à entrer puis démarre en trombe. Je profite de cette courte pause pour regarder le paysage. J'ai besoin de m'imprégner de la vie. Je lève la tête, le soleil n'a pas changé de place, il est là, il brille. Le ciel est du même bleu limpide qu'hier. Je retrouve cet endroit magnifique, l'un des plus beaux d'Israël. La voix de Shay me tire de ma rêverie.

— Tu viens Laura ?

Une dizaine de personnes s'entassent à l'arrière de notre voiture. Shay prend le volant, Mor s'assied sur le siège du passager, il ne reste qu'une minuscule place entre eux, près du levier de vitesse. Je me faufile pour m'accroupir en tentant, tant bien que mal, de garder l'équilibre.

— Suivez cette voiture, prenez à droite et dirigez-vous vers Patish, nous conseille un militaire.

Patish est un village situé à une vingtaine de kilomètres.

14 h 30

Nous nous engageons sur la route, mais la voiture, devant nous, roule à vive allure. Nous perdons bientôt sa trace. Plus nous avançons, plus le spectacle qui s'offre à nous me terrifie. Des voitures brûlées, abandonnées au milieu de la route et sur les bas-côtés, dont les portes encore ouvertes laissent apercevoir des cadavres. Mon mari doit sortir de la route principale et emprunter des chemins parallèles pour les éviter. Nous slalomons entre les corps étendus de toutes parts. C'est insoutenable.

— Il y a plein de morts ! Il y a plein de morts !

Voilà tout ce que nous parvenons à articuler. Soudain, face à nous se dresse un barrage de Tsahal. Les soldats arment leurs mitraillettes et les pointent sur nous. Lâchant immédiatement le volant, Shay lève les bras. Nous en faisons autant.

— Nous sortons du festival ! hurle Mor pour éviter qu'on nous prenne pour des membres du Hamas ou des civils palestiniens.

— Faites demi-tour immédiatement, nous ordonne le militaire. Il reste des terroristes vivants par ici ! Dépêchez-vous !

Impossible d'obéir à son injonction, la route est trop étroite pour faire cette manœuvre avec notre voiture et la caravane. La mort dans l'âme, Shay ouvre la portière, décroche la remorque et l'abandonne sur le bord du chemin. Avant de repartir, je me retourne pour la regarder une dernière fois. Un sentiment de tristesse m'envahit quand soudain, un jeune soldat tape sur notre capot :

— L'un d'entre vous a-t-il un téléphone ?

— Tenez, répond Darin en lui tendant le sien.

— Non, gardez-le. Voici le numéro de mon père, appelez-le s'il vous plaît, dites-lui que son fils est vivant.

Cette phrase me fait l'effet d'un coup de poignard dans le ventre. Je prends enfin conscience que nous sommes en guerre et que la situation s'avère encore plus grave que je ne l'imaginais. Mon mari redémarre, opère un virage à cent quatre-vingts degrés et repart. Toujours le même spectacle de désolation. Une hécatombe. Nous restons silencieux. Seules quelques paroles prononcées par des personnes à l'arrière nous parviennent. L'adrénaline semble redescendre légèrement, mon corps n'est pas loin de lâcher, je résiste, prends sur moi : *Ne pleure pas ! Ne pleure pas Laura. Retiens-toi, ce n'est pas terminé.* À mon grand étonnement, Mor et Shay me regardent tous deux d'un air interrogateur.

— Que se passe-t-il ? leur demandé-je.

— Tout va bien, Laura ?

— Oui. Pourquoi ?

— Tu t'es rendu compte que tu as parlé tout haut ?

Je pensais juste avoir pensé ce que je ressentais :

— Je vais bien, ne vous inquiétez pas ! Je vais bien.

Un autre barrage se dresse devant nous à l'entrée de Patish.

— Des blessés dans votre voiture ? demande un soldat.

— Non.

— Alors continuez vers Ofaqim, dit-il en nous indiquant la direction du doigt.

Nous ignorons que cette petite ville de quarante mille habitants à peine était la cible des attaques terroristes il y a encore quelques heures. Les commandos du Hamas y ont débarqué munis de grenades, de kalachnikovs, et ont lancé un assaut sanglant. C'est grâce à la réaction spontanée des habitants et des policiers armés de couteaux et de quelques armes de poing que l'offensive a pris fin. Sept heures de bataille avant que la police israélienne n'intervienne. Tous les assaillants ont été éliminés. Témoins de ce fait d'arme, leurs véhicules calcinés fument encore sur le bord de la route et sur les trottoirs.

Nous descendons enfin de la voiture et nous dirigeons vers le poste de police. Des festivaliers y patientent depuis quelques heures déjà. Un bus doit venir les chercher pour les ramener chez eux. Les traits tirés, ils sont comme abasourdis. Nous ne digérons toujours pas ce que nous venons de vivre. Pauvres robots désarticulés, nous obéissons tant bien que mal aux ordres de Tsahal et de la police. J'aperçois avec soulagement Udi, le responsable des bars du festival. Il s'en est sorti ! Près de lui est assis Katsav, un garçon que je connais. Je me précipite sur lui car nous avons un ami en commun, Dolev. Je ne sais pas s'il était présent au festival, je ne l'ai pas croisé.

— Où est Dolev ? Où est Dolev ? m'écrié-je.

— Il est vivant, ne t'inquiète pas. Il est déjà rentré chez lui.

À peine ai-je le temps de me remettre de mes émotions que la sirène retentit. Les roquettes recommencent à tomber au sud d'Israël.

— Abritez-vous ! crie un policier.

Nous courons nous réfugier dans la pièce sécurisée du commissariat. Nous nous entassons les uns sur les autres : l'attaque est massive. Je me retrouve contre Shay qui me murmure à l'oreille :

— Nous n'avons pas besoin d'attendre un bus, notre voiture fonctionne. Partons. Je veux rentrer à la maison.

— Oui, partons !

Nous sommes sur le point de rejoindre notre voiture quand un policier nous barre le passage :

— N'avancez plus, la zone est très dangereuse. Il reste des terroristes en action dans la ville. Retournez vous cacher à l'intérieur de l'abri.

Nous nous regardons, dépités. Nous sommes miraculeusement sortis vivants de notre caravane et nous voici à nouveau en danger, coincés, la peur au ventre. Après une longue demi-heure, un policier s'avance :

— C'est bon, nous avons éliminé tous les terroristes. La route est libre, vous pouvez partir !

Darin sort de l'abri et se jette dans les bras de son père venu la chercher en voiture.

— Quand ma fille m'a envoyé votre géolocalisation, nous raconte-t-il, je n'ai pas réfléchi. J'ai roulé, roulé, et je suis arrivé à quelques mètres de votre caravane. Je ne sais comment je suis encore vivant à l'heure qu'il est.

Cet Ukrainien qui n'a pas froid aux yeux sourit puis poursuit fièrement son récit :

— Je suis passé entre les balles, j'ai bravé les interdits de l'armée israélienne et contourné tous les barrages. Hélas, je ne suis pas arrivé à temps.

Nous ne nous sentons pas la force de prolonger la conversation. Nous étreignons Darin, Alon et Lital, puis remontons en voiture.

16 h 45

Mor et Tali se joignent à nous. Nous partons.

Il me reste peu de souvenirs de la dernière étape de ce voyage interminable. Je suis dans un état second, coupée de mes émotions. Je regarde dehors, le paysage a changé, plus verdoyant, et surtout, il a retrouvé un aspect « normal ». Aucun corps gisant, nulle voiture carbonisée. Le temps semble s'être figé. Ai-je rêvé ?

La peur nous quitte au fil des kilomètres. Après quelques banalités, nous essayons de comprendre ce qui nous est arrivé. Comment une telle tragédie a-t-elle pu se produire ? Désormais, nous n'avons qu'un objectif : rentrer chez nous, dans notre cocon, en sécurité. Éprouver que nous sommes bien vivants. Ce voyage est surréaliste.

J'essaye de réfléchir mais je ne parviens pas à suivre le fil de mes pensées. Comme lorsque nous avons quitté le festival, je me retiens pour ne pas craquer. En moi, tout s'effondre mais je ne veux rien laisser paraître. Rester forte jusqu'au bout. Shay m'observe du coin de l'œil tout en conduisant. Je me sens obligée de le prévenir car je sais que, tôt ou tard, la déflagration intérieure arrivera :

— Mon cœur, à la maison, je vais avoir besoin de pleurer, mais ne t'inquiète pas. Ne stresse surtout pas, c'est normal.

Shay me prend la main. Des pensées désordonnées tambourinent dans ma tête. Pourquoi suis-je vivante alors que tant de personnes sont mortes ?… Je n'ai même pas une égratignure… Mon mari est à mes côtés. Vivant lui aussi. Les images de tous ces corps étendus et sans vie m'obsèdent.

Hors de question que je reste à m'apitoyer sur mon sort ! Ma décision est prise. Je me tourne vers Shay et lui annonce :

— Demain, je retourne à l'armée !

18 h 00

Enfin, des lumières rassurantes scintillent au loin. Je reconnais Ramla, où nous habitons, à une vingtaine de kilomètres de Tel Aviv. Dans cette ville mixte peuplée de 80 % de Juifs, 16 % d'Arabes musulmans et 4 % d'Arabes chrétiens, il est fréquent de croiser en un même lieu des hommes portant la kippa et des femmes voilées. Les noms des magasins sont écrits en hébreu et en arabe. Ici, Juifs et Arabes coexistent en paix et travaillent côte à côte. Selon certains observateurs, Ramla est un modèle de cohabitation entre les deux communautés. Des Éthiopiens, des Ouzbeks, des Russes, des laïcs, des religieux vivent également sur place. Il est vrai qu'il nous arrive d'être confrontés à des problèmes. Par exemple, en 2021, lorsque le Hamas et le Djihad islamique ont lancé nombre de roquettes sur Israël, le pays a riposté avec la mise en place de l'opération « Gardien des murailles ». Cette attaque a donné lieu à douze jours de guerre au terme de laquelle, après la mort de trois cents personnes à Gaza et en Judée-Samarie, les Palestiniens ont réclamé un cessez-le-feu. Ces combats se sont répercutés à l'intérieur du pays, et notamment chez nous. Des voitures ont brûlé dans la ville.

Un soir, alors que nous sommes tranquillement à la maison, des bruits étranges nous parviennent de la rue. Je me lève et dis à Shay :

— Tu entends ? J'ai peur !

Shay ouvre la porte de la maison et croise nos voisins arabes dans l'escalier. La femme, apeurée, nous demande :

— Que se passe-t-il ?

— Je ne sais pas répond Shay en lui emboîtant le pas.

En les suivant, je pense : *J'ai peur que les Arabes viennent nous attaquer chez nous.* Au même moment ma voisine me regarde et m'avoue :

— J'ai peur que les Juifs montent chez nous.

Puis, s'arrêtant au bas de l'escalier, son fils dit à Shay :

— Si ce sont des Arabes, nous sortirons vous protéger. Si ce sont des Juifs, ce sera à vous de faire le nécessaire.

Eux comme nous partageons la même crainte : la folie des extrémistes.

Nous vivons sur le pied de guerre, ici comme ailleurs dans le pays, mais cela fait partie de notre quotidien. Nous en sourions même parfois. Quelques jours après le 7 octobre, mon dentiste arabe m'a envoyé son infirmière pour un soin. Au moment de me piquer, cette dernière me demande :

— J'ai l'impression de t'avoir vue dans une émission de télé ? Tu étais au festival Nova, n'est-ce pas ?

— Oui.

Elle s'approche de moi et, spontanément, me serre dans ses bras.

— Je n'ai pas de mots… reprend-elle. Les atrocités qu'ils ont commises sont contraires aux croyances de l'islam. Rien de tout ce qu'ils font n'est écrit dans le Coran !

Blottie contre elle, je l'écoute sans bouger. Sans répondre. Puis l'infirmière se ressaisit, reprend sa seringue et me sourit :

— Je ne vais pas te piquer sinon tu diras à tout le monde qu'une Arabe a fait exprès de te faire du mal.

S'il nous arrive souvent de nous affronter verbalement, surtout sur des sujets politiques, nous coexistons en bonne intelligence, entre gens civilisés et « normaux », et ni d'un côté, ni de l'autre, la ligne rouge n'est franchie.

18 h 15

Enfin chez nous ! Dans le jardin qui entoure notre immeuble, les parents de Shay ainsi que nos voisins arabes nous attendent, assis sur des chaises. À notre arrivée, ils accourent vers nous pour nous embrasser et nous serrer dans leurs bras. Eux aussi ont besoin de sentir que nous sommes vivants. Entre rires et larmes, ma voisine arabe me prend par les épaules et me crie :

— Pourquoi êtes-vous allés si près de Gaza ? Vous êtes inconscients ? Ces gens-là ne sont pas des musulmans ! Ce qu'ils ont fait est impardonnable !

C'est alors qu'un souvenir me revient en mémoire. À l'armée, j'avais été affectée au check-point, un barrage routier surveillé par des militaires dans une zone de guerre. Je devais contrôler chaque Palestinien qui entrait sur notre territoire, une mission sous haute pression car je savais que si je manquais de vigilance, une demi-heure plus tard, un attentat terroriste risquait de se produire contre des Israéliens. Tout au long de mes années militaires, j'ai été confrontée au pire comme au meilleur. Lorsque je fouillais ceux qui souhaitaient pénétrer en Israël, je me disais que ce n'était pas une vie de se faire contrôler pour venir travailler ou se faire soigner. Un jour, une femme portant un bébé dans un couffin arrive.

— Bonjour Madame, pouvez-vous prendre votre enfant dans vos bras afin que je puisse vérifier votre cabas ?

Outrée, elle me répond :

— Vous n'avez pas le droit de me demander une telle chose. Il dort et je ne veux pas le réveiller.

Je marque une pause, l'observe, remplie de compassion. *Je suis inhumaine*, pensé-je. *Comment oses-tu exiger de cette femme qu'elle sorte du lit son bébé endormi ?* Je suis sur le point de céder à sa demande lorsque je me ressaisis. J'insiste pour qu'elle obéisse aux ordres. Je soulève la couverture. Pour trouver un revolver caché sous le matelas.

Des situations comme celle-ci nous ramènent brusquement à la réalité et nous placent face à la complexité des rapports entre Juifs et Arabes.

Les parents de Shay ne cessent de nous embrasser, de nous toucher. Puis arrivent les fils de nos voisins :

— Vous êtes là ! Sains et saufs ! Ce qu'ils ont fait est horrible ! Nous n'avons rien à voir avec eux !

Qu'il doit être difficile de faire partie de leur communauté aujourd'hui ! Je perçois sans cesse chez certains Arabes ce besoin constant de se justifier, de se démarquer des terroristes, de ne pas subir l'amalgame dont ils sont victimes. Mais est-il si facile de faire la part des choses – surtout aujourd'hui – quand nous savons qu'un grand nombre de civils gazaouis ont franchi la frontière pour tuer, violer, éventrer et décapiter des Juifs ?

Je serre ma voisine dans mes bras pour lui faire comprendre que je ne les assimilerai jamais à ces barbares. Puis, pour clôturer la discussion, l'un d'entre nous prononce cette phrase :

— À la fin de cette guerre, il y aura deux gagnants : les Israéliens et les Palestiniens…

Je lance un regard discret à Shay pour lui faire savoir que je veux rentrer à la maison. J'ai l'impression que mon cerveau, mon cœur, tout mon être est sur le point d'exploser. J'ai besoin d'être seule avec lui, de le retrouver, de chercher à comprendre.

À leur tour, mes parents et mon petit frère m'appellent, ils sont impatients de nous serrer dans leur bras.

— Nous prenons la voiture pour venir vous voir.

Comment leur faire accepter que je suis incapable de parler à qui que ce soit, même aux personnes que j'aime le plus au monde ?

— Je suis désolée, mais j'ai besoin d'être seule. Pas ce soir !

Il n'est pas utile d'en rajouter, tous comprennent que nous devons retrouver nos esprits. Ils n'insistent pas, ils viendront demain matin.

À peine ai-je ouvert la porte que je m'effondre dans le canapé. Ma chienne Nikita vient se blottir contre moi, ne laissant aucune place à mon mari qui, lui aussi, a besoin de me sentir. Enfin, mes larmes coulent sans discontinuer, je laisse retomber la pression accumulée durant toutes ces heures. J'attends de me calmer pour rassurer mon entourage. Incapable de parler à qui que ce soit, je poste un message sur Facebook : *Tout va bien. Nous sommes vivants.* Shay et moi naviguons d'un réseau social à un autre. Nous tombons sur des vidéos diffusées par le Hamas, montrant nos amis kidnappés dans les tunnels de Gaza. Nous cherchons à savoir qui est mort, qui a survécu, qui est otage. Hagards, nous parlons peu. Notre esprit est resté là-bas, dans ce champ.

La pendule indique vingt heures, mon mari sombre dans un profond sommeil. C'est sa façon bien à lui de se protéger. Je suis éreintée, j'aimerais, moi aussi, m'endormir, ne serait-ce que quelques heures, pour fuir la réalité, mais il suffit que je ferme les yeux pour que me rattrapent les fantômes de la journée. Les bruits de mitraillette et les voix des terroristes résonnent dans ma tête. La peur m'envahit à nouveau, je me redresse, prends mon téléphone pour jeter un coup d'œil sur les sites d'actualités. Avide d'informations, je lis : « Les assaillants ont envahi le *kibboutz* de Be'eri au moment de l'attaque du festival de musique de Reïm… Bilan provisoire, cent morts… Massacre à Kfar Aza, l'une des premières cibles des terroristes. Soixante-dix militants du Hamas percent une palissade et pénètrent dans le *kibboutz*. Le nombre de morts s'alourdit d'heure en heure… »

Une phrase retient mon attention : « Les habitants sont restés enfermés près de neuf heures dans les chambres fortes en attendant que l'armée vienne les libérer. » Je ne peux pas y croire ! Comment est-ce possible ? Tsahal, si puissante, si forte, si vigilante ! Que s'est-il passé ?

Je poursuis ma lecture : « Les combattants islamistes kidnappent et prennent en otage de nombreux civils israéliens. » Certaines scènes sont filmées par les terroristes eux-mêmes, comme celle d'une mère de famille enlevée avec ses deux bébés dans les bras. C'en est trop ! Je pose mon téléphone, me lève et fais les cent pas dans le salon. L'idée de retourner à l'armée dès le lendemain me revient en tête. L'existence d'Israël est en péril. Je dois, moi aussi, contribuer à la survie de mon pays. Il me faut agir, et rapidement ! Impatiente à l'idée de reprendre cette discussion avec Shay, j'ai l'impression de tourner en rond.

Au petit matin, mon mari sort de la chambre. Surpris de me voir dans la même tenue que la veille, il s'arrête sur le pas de la porte.

— Salut mon cœur ! Tu ne t'es pas couchée ?

— Non, je n'ai pas réussi à dormir. Il faut absolument que je te parle.

Shay dépose un baiser sur mon front puis vient s'asseoir près de moi :

— Je t'écoute…

— Je ne peux pas rester sans rien faire alors que mon pays est à feu et à sang. Je te l'ai dit dans la voiture, tu n'as pas réagi alors je te le répète, je veux retourner à l'armée. J'ai besoin de me sentir utile et d'aider. Nous avons eu la chance de nous en sortir indemnes et de retrouver notre maison alors que des familles ont tout perdu, des centaines de personnes sont mortes, des femmes et des enfants ont été kidnappés ! Mon frère se bat en ce moment même et moi, je suis là, assise dans mon canapé. Je ne peux pas rester spectatrice de ce drame, je n'en ai pas le droit. La seule chose qui me retient, c'est toi. Je n'ai pas le cœur à te laisser seul.

Égal à lui-même, Shay se laisse quelques secondes de réflexion. Il me prend les mains, puis me dit à voix basse :

— Je ne pense pas que ce soit une bonne idée. Tu risques de vivre un nouveau traumatisme. Tu as raison, nous avons évité le pire, mais allons-nous bien pour autant ? Nous n'avons aucune idée de ce que nous ressentons aujourd'hui, des cicatrices que ces six heures effroyables nous ont laissées. De plus, que comptes-tu faire à l'armée ?

— Je pense à deux options : soit on m'envoie dans la police militaire pour contrôler les routes du sud d'Israël, soit je me rends dans les cabinets de guerre pour m'occuper des morts et des blessés.

— Crois-tu vraiment que ton état mental te le permet ?

Je reste silencieuse. Je sais qu'il a raison, mais en même temps, je n'en démords pas ; il faut que j'agisse, d'une manière ou d'une autre.

— OK, je dois réfléchir, lui dis-je en me dirigeant vers la cuisine pour préparer le café. La vie se chargera de m'apporter une solution.

Dès le lendemain, je reçois un message de la télévision israélienne qui m'invite à témoigner. Je décline. Je me sens incapable de raconter ce que nous avons traversé. On me propose également de prendre contact avec des psychologues. Je refuse, j'estime que je n'en ai pas besoin. Je veux avant tout comprendre toute seule ce qui m'arrive. Ma priorité, aujourd'hui, est de savoir qui est vivant, qui est mort. Nous apprenons que nos amis druzes, Radda et Raif, ont échappé miraculeusement au massacre. Leur récit fait froid dans le dos :

— Quand nous avons vu les terroristes arriver, nous avons juste eu le temps de nous cacher, nous raconte l'un d'eux.

— Vous êtes arabes, pourtant ! s'étonne Mor. Vous auriez pu sortir de votre cachette et leur parler sans risquer d'être tués ?

— Pas du tout. Lorsque nous étions planqués, nous avons assisté à une scène terrible. Deux types du Hamas ont attrapé un jeune homme de 17 ans. Ce dernier s'est débattu en leur disant qu'il était arabe. Ils lui ont alors demandé de leur citer une phrase du Coran. Sans laisser le temps à ce pauvre garçon de répondre, ils ont pointé leurs armes sur lui et ont dit : « On veut bien croire que tu es musulman, mais tu travailles avec des Juifs ! »

Ils l'ont alors exécuté, puis se sont dirigés vers le stand de nos amis pour manger les plats que leur mère avait préparés…

Au fil des semaines, les nouvelles nous arrivent. Abu Ashraf, l'ouvrier arabe blessé au début de l'invasion du Hamas, s'en est sorti. Matan Lior, le responsable du son, a été assassiné. On a retrouvé son corps quelques jours plus tard.

Matan Kido, le DJ du festival qui m'avait offert mon premier emploi, reste introuvable. Il n'a été annoncé ni comme otage, ni comme mort. Rami et Smiley, qui font partie d'une équipe civile chargée de retrouver les disparus, le cherchent encore et toujours, même s'ils se doutent qu'il n'est plus de ce monde. Chaque semaine, des corps sont découverts, mais aucune trace de Kido. Un jour enfin, les deux amis découvrent une voiture brûlée. Ils s'approchent et remarquent sous le véhicule une forme étrange qui ressemble à un bâton ou à un os. Ils font alors appel aux membres de Zaka, un organisme chargé de l'identification des victimes du terrorisme, des accidents de la route et autres catastrophes. Les hommes arrivent sur les lieux, renversent le véhicule, mettant au jour des restes de corps calcinés et, parmi ces débris, une bague en or sertie d'une pierre bleue. Celle de Matan Kido. Cette bague, il ne l'enlevait jamais, elle était son signe de reconnaissance. Smiley pousse alors un soupir de soulagement. Fidèle à ses convictions religieuses, il tenait à ce que son ami soit enterré dans les règles, accompagné de prières pour que son âme repose en paix.

Quant à Hezi, le jeune homme qui travaillait avec moi et avait bu un thé dans la caravane la veille du massacre, j'apprends qu'il a été brûlé vif. Ses restes ont été retrouvés. Les vêtements qu'il avait l'habitude de porter ont été déposés dans son cercueil.

L'identification a été très difficile pour tous ceux qui ont succombé à cette attaque barbare. Elle était quasiment impossible, mais une dent, un doigt ont parfois suffi à les reconnaître. Lorsqu'aucun membre n'était retrouvé, ont été déposés dans la tombe des objets symbolisant la vie. Par exemple, des jouets lorsqu'il s'agissait d'enfants…

J'ai aussi appris la mort de Doron, le jeune homme qui tenait le stand de hamburgers. Mes pensées se sont immédiatement dirigées vers sa petite fille. Que devient-elle sans son papa… ?

Chaque jour qui passe apporte son lot de nouvelles plus terrifiantes les unes que les autres. Tamar, une jeune femme avec laquelle je travaillais, a été retrouvée morte. Nous avions passé une soirée merveilleuse ensemble à Tel Aviv au mois de septembre. Je me souviens qu'au beau milieu du dîner, elle avait tenu à me faire une révélation :

— Tu sais, j'ai 24 ans.

— Oui, et alors ? ai-je demandé, surprise.

— Eh bien, je t'ai menti. Je n'avais que 16 ans quand tu m'as embauchée, m'a-t-elle avoué en riant.

— Tu m'as fait croire que tu avais 18 ans alors que tu n'en avais que 16 ?

— Oui ! s'est-elle esclaffée. C'était un pieux mensonge. J'avais trop envie de travailler avec toi.

— Je comprends mais, sans le savoir, j'ai pris un énorme risque ! S'il y avait eu le moindre problème ou tout simplement un contrôle, ça m'aurait coûté très cher dans tous les sens du terme ! Faire travailler une mineure !!

— Je sais Laura, m'a-t-elle répondu avec un petit sourire malicieux.

La discussion s'est terminée dans un grand éclat de rire.

Le 7 octobre, Tamar participait au festival Nova mais nous n'avons pas eu la chance de nous croiser. Nous l'avons cherchée longtemps par la suite, ne sachant pas si elle avait été kidnappée, tuée, ou si elle avait survécu. Elle a été retrouvée près d'un arrêt de bus, à l'intérieur d'un abri dans lequel les terroristes avaient jeté une grenade… Le jour de ses funérailles, j'ai pensé à notre discussion et me suis dit : *Tamar a eu raison de me mentir. Elle aura, au moins, commencé très jeune à danser et à profiter de la vie.*

Les directeurs de Mushroom Production qui ont coproduit le festival Nova, des jumeaux, Oshri et Michaël Vaknin, ont eux aussi été assassinés. Leur associé, Elkana Bohbot, a pour sa part été retenu en otage par le Hamas.

Ces jours-ci, les enterrements se succèdent ; deux, trois, quatre dans la même journée. Nous sommes obligés de faire un choix entre nos amis. C'est par exemple le cas lors des obsèques de Hezi et Kido qui se déroulent le même jour à la même heure. Nous choisissons Kido. Une épreuve insupportable.

Je suis lucide : mon état mental ne s'améliore pas. Je finis donc par accepter l'aide de spécialistes. Les premières semaines sont consacrées à une thérapie de groupe :

— Vous avez subi le même traumatisme dans cette caravane, il nous semble important que vous vous retrouviez ensemble pour en parler, nous conseillent les psychologues.

Nous acceptons tous cette proposition, excepté Alon et Lital. Je suivrai par la suite des séances individuelles que je poursuis encore.

Le matin du 9 octobre, je suis réveillée par des appels incessants. Dans un demi-sommeil, j'essaye d'attraper mon téléphone. Ce n'est pas normal. Que se passe-t-il ? Quelle nouvelle vais-je encore apprendre ? Des messages de mon père, ma mère, mes frères, mes amis… Les mains tremblantes, je clique sur l'un d'eux : « Bon anniversaire ma chérie », m'écrit ma mère. J'ai 35 ans aujourd'hui, j'avais complètement oublié. Que pourrait-on bien me souhaiter ? Je suis incapable de décrocher pour répondre, remercier. Incapable de sortir de mon lit. C'est au-dessus de mes forces.

Shay me prend tendrement dans ses bras :

— Tu ne peux pas rester couchée toute la journée. Il est impensable de faire une fête, mais essayons de trouver une autre idée.

Je réfléchis quelques minutes puis compose le numéro d'On et Oleg, les propriétaires du bar Andaman à Yehoud, mon QG.

— Pensez-vous qu'il serait possible d'ouvrir l'endroit sans mettre de musique, mais simplement qu'on se retrouve ? demandé-je.

— Excellente idée Laura ! Comme tout est fermé, nous mettons notre établissement à votre disposition. Nous allons d'ailleurs poster un message sur Facebook pour demander aux gens d'apporter de quoi boire et se restaurer. L'endroit sera ouvert à tous ceux qui ont besoin de parler.

Dès vingt heures, une foule se précipite au bar Andaman. Les fidèles comme Mor ainsi que tous les amis que je n'ai pas revus depuis la date fatidique. Un grand nombre de personnes que je ne connais pas se joignent à nous. Des thérapeutes viennent spontanément se mettre gracieusement au service de ceux qui ont besoin de s'exprimer. Nous nous tombons dans les bras les uns des autres, passons du rire aux larmes. Nous retrouver nous fait un bien fou. Si chacun a sa propre histoire, nous sommes tous liés par cette tragédie collective, unis et solidaires. Nous éprouvons le besoin de raconter pour la énième fois nos expériences respectives. De parler encore et encore. Le rassemblement s'étire jusqu'à une heure avancée de la nuit. Je me sens soulagée : grâce à cette soirée, j'ai échappé à mon anniversaire de la plus belle des façons.

Les jours qui suivent ressemblent à un tourbillon dans lequel je me laisse emporter. Tout commence le jour où mes cousins parisiens me font part de la situation en France :

— C'est horrible, Laura ! Nous avons peur de sortir dans la rue ! Nous avons rentré nos Mezouzot – objet rituel juif –, enlevé nos Maguen David – symbole du judaïsme. L'antisémitisme se répand comme une traînée de poudre. Nous sommes en danger depuis le 7 octobre. On nous tient responsables de la guerre à Gaza.

Je n'en crois pas mes oreilles. Les Juifs viennent de vivre la pire tragédie depuis la création de l'État d'Israël : des hommes, des femmes, des personnes âgées et des enfants ont été massacrés dans leur propre maison, des familles entières, décimées, et on fait de nous des coupables ? On nous reproche de nous défendre ? Je me jette sur les sites d'actualité français pour découvrir avec effroi les manifestations propalestiniennes, la haine des Juifs qui transpire chez certains militants, l'apologie du terrorisme que clament certains chefs de partis politiques, les écoles juives ainsi que les synagogues protégées par l'armée en raison du risque élevé d'attentat.

Deux jours plus tard, mon père m'appelle pour m'informer qu'une chaîne de télévision française souhaite recueillir mon témoignage :

— Tu veux bien, Laura ?

— Je ne suis pas prête mentalement, mais je vais accepter.

Je comprends que je n'ai pas le choix. La vie vient de me soulager du dilemme auquel j'étais confrontée concernant mon départ à l'armée. Ma mission n'est pas de raccrocher les galons sur mes épaules mais de témoigner. Dire, expliquer, raconter mon histoire pour que le monde sache ce que nous avons enduré. Hurler à qui veut m'entendre que nous n'avons pas cherché cette guerre et que nous en sommes les premières victimes.

— Tu peux donner mon numéro de téléphone aux médias.

J'enchaîne alors les interviews, parfois plusieurs dans la même journée. Je me rends disponible à n'importe quelle heure du jour ou de la nuit. À la demande du bureau des Affaires étrangères israéliennes, je m'envole pour Bruxelles avec une délégation. Je n'hésite pas une seconde, à la seule condition que mon mari m'accompagne. Il ne parle pas français et ne peut donc pas s'exprimer sur le sujet mais depuis le 7 octobre, je suis incapable de faire un pas sans qu'il soit à mes côtés. Nous voyageons accompagnés de Shoval, un homme dont l'oncle et la tante, Ohad et Raz, sont retenus en captivité à Gaza. Depuis, Raz a été libérée, mais son mari est toujours aux mains du Hamas. Mickaël Tordjman, un Français dont le fils Avidan a été assassiné au Nova, témoigne également. Avidan était un ami de mon petit frère Mickaël. Ils avaient participé ensemble au Boom festival, au Portugal.

À Bruxelles, je passe trois jours à raconter ce que j'ai vu, vécu, dans l'espoir d'éveiller les consciences. Si je parviens à faire changer d'avis ne serait-ce qu'une seule personne, j'aurai réussi ma mission.

Désormais, je sillonne l'Europe : le Luxembourg, Bruxelles, Metz, Berlin, Hambourg, Paris. Je me demande souvent si ces nombreux voyages ne sont pas simplement une fuite en avant. Mais je me sens utile. Je raconte mon histoire à qui me le demande. J'ai la chance d'avoir survécu à ce massacre, alors je témoigne. J'ai vu l'horreur, alors je parle, je la décris dans les moindres détails parce que je ne supporte pas d'entendre les négationnistes mettre en doute ce que les Juifs ont subi. Je suis investie d'une mission que j'accomplirai aussi longtemps que je le pourrai. Parler ne m'allège pas l'esprit. Bien au contraire, je me sens de plus en plus fragile, comme si le traumatisme s'ancrait un peu plus chaque jour en moi.

Au terme de cette « tournée », Shay et moi prenons conscience qu'il est temps de faire un break et de partir loin pour tenter de nous reconstruire. J'ai toujours rêvé de voyager, mais toujours, un événement m'en a empêchée. Après leur service militaire, tous les Israéliens prennent une année sabbatique pour faire le tour du monde avant de s'engager dans leurs études. Moi, je me suis mise à travailler. Lorsque j'étais enfermée dans la caravane, il m'est souvent arrivé de me dire : *Tu vas mourir sans avoir jamais voyagé, sans avoir jamais admiré de beaux paysages.* Nous n'avons pas eu l'opportunité de partir en voyage de noces, c'est peut-être le bon moment.

— Pourquoi ne réaliserions-nous pas notre rêve d'aller en Inde ? me suggère Shay.

Ai-je le droit de me faire plaisir ? J'en ai le droit, je le mérite. J'ai la chance d'être en vie et je dois en profiter.

Une semaine plus tard, nous nous envolons vers Goa. Dès l'instant où je me retrouve dans ce décor paradisiaque, un fort sentiment de culpabilité s'empare de moi. Je pense à Benjamin. Mon frère est à l'armée, et moi, je parcours le monde ! Je pense aux otages. Ils sont enfermés dans les tunnels et moi, je me balade dans des endroits magnifiques ! Je m'en veux de tout, de sourire, de siroter un cocktail au bord de l'eau, de vivre tout simplement. Les rares fois où il m'arrive de me détendre, une ombre vient planer au-dessus de moi comme pour me dire : « Tu n'as pas le droit, pense aux soldats qui se battent, à tous les morts, aux familles endeuillées… » Je suis à l'autre bout du monde, mais mes pensées ne quittent jamais mon peuple. Mon esprit est resté là-bas, en Israël.

Rentrer aujourd'hui dans mon pays serait contreproductif, j'ai besoin de guérir avant d'y revenir, de me déconnecter pour mieux me retrouver, car je me cherche encore. Je me suis perdue. J'ai besoin de temps pour comprendre, me relever, lâcher prise.

Il y a quelques années, je me suis fait tatouer un soleil sur l'avant-bras. L'une des raisons de ce choix est une phrase que j'ai particulièrement aimée dans l'un des épisodes de la série *Grey's Anatomy* et que je me suis appropriée : « N'oublie pas que le soleil, c'est toi ! » Les planètes tournent autour du soleil. Je suis le soleil et tout tourne autour de moi. Je ne dois pas m'oublier. Pour aider les autres, les éclairer de notre lumière, il faut avant tout rayonner. Avant le 7 octobre, j'étais cette femme solaire, pleine d'enthousiasme et de vie, débordante d'énergie qu'un rien rendait heureuse. Je me souviens qu'un jour, une amie m'a regardée et m'a dit :

— Laura, quand tu entres quelque part, tu illumines la pièce !

À compter de ce jour, mes amis m'avaient surnommée « Laura-Soleil ». Où est-elle à présent ? Je la cherche désespérément. Je veux de nouveau apporter la lumière. Irradier. Ne pas m'éteindre. Je veux redevenir Laura-Soleil.

Épilogue

Rire et danser encore

À l'heure où j'écris ces lignes, le bilan du 7 octobre 2023 fait état de :

- 1 290 personnes assassinées : 956 hommes, 334 femmes dont 817 civils et 473 soldats, secouristes et policiers ;
- 36 enfants de moins de 18 ans massacrés, le plus jeune avait 10 mois ;
- 634 victimes de moins de 30 ans.
- 371 personnes tuées au festival Nova, 215 dans les *kibboutzim.*

Parmi eux, on compte des Juifs, mais aussi des Arabes israéliens, des Thaïlandais, des Américains, des Français, des Népalais, et bien d'autres encore. Les premiers morts israéliens étaient de fervents défenseurs de la paix entre Juifs et Palestiniens.

Sur les 240 personnes prises en otage, 40 ont été kidnappées au Nova, 110 ont été libérées à ce jour en échange de 210 prisonniers palestiniens condamnés pour des motifs tels que des agressions au couteau, avec une arme, ou pour planification d'attaques terroristes. Parmi les détenus « relâchés » se trouvent des femmes et des mineurs emprisonnés pour tentative de meurtre contre des Israéliens. Des otages en échange d'assassins…

Il reste 134 personnes retenues dans les tunnels de Gaza ou aux mains de civils palestiniens. À ce jour, vingt-huit d'entre elles auraient été assassinées.

Le jour où ce livre paraîtra, je me demande combien de morts seront ajoutés à la liste.

Le champ du festival Nova a retrouvé ses couleurs et sa splendeur. Le vent a balayé les cendres, la pluie a effacé le sang. La nature a fait son œuvre, l'herbe a repoussé et les fleurs ont éclos. Il ne reste aucune trace visible de l'horreur. Chaque jour qui passe nous en éloigne un peu. La vie a repris son cours. Le monde a fêté une nouvelle année, mais pour le peuple juif, le temps s'est figé le 7 octobre 2023. Les aiguilles de nos montres recommenceront à tourner le jour où la guerre sera terminée, le Hamas, éradiqué et le dernier otage, rentré à la maison.

Je porte aujourd'hui un devoir de mémoire et de transmission pour que jamais la tragédie qui a frappé la terre d'Israël ne tombe dans l'oubli. Les rescapés de la Shoah n'ont eu de cesse de témoigner. Nous ferons de même pour que nos enfants et nos petits-enfants connaissent la vérité et la divulguent à leur tour. Nous raconterons encore et encore, en mémoire de ces hommes, de ces femmes et de ces enfants massacrés dans les *kibboutzim* et au festival Nova, de nos soldats tombés au combat, de nos otages assassinés.

Qu'ils ne soient pas morts pour rien.

Cet ouvrage est la pierre à l'édifice que je souhaite apporter à mon peuple. Il ne raconte pas seulement l'histoire de Laura – qui ne représente qu'une infime partie de ce que nous avons vécu –, mais celle d'une jeune femme juive qui croyait de toutes ses forces en la paix et qui aimait danser.

Les images de la Shoah ressurgissent avec vigueur dans nos mémoires. Ce 7 octobre nous ramène inévitablement à cette période sombre de notre histoire. Je me suis souvent posé cette question : avons-nous vécu un second Holocauste ? Il y a quelques années, lors de mon service militaire, je me suis rendue à Auschwitz, en Pologne. J'ai eu la chance de m'y recueillir en uniforme et j'ai vu de mes propres yeux les atrocités commises par les Allemands. Comme les nazis, le Hamas a poursuivi un seul et même but : tuer le plus grand nombre de Juifs sans aucune distinction d'âge ou de genre. Comme les nazis, le Hamas porte une idéologie : l'élimination du peuple juif. Hier comme aujourd'hui, ils nous nient le droit d'exister.

Ce 7 octobre, les terroristes n'ont pas réussi à m'atteindre, mais je les ai entendus, j'ai ressenti leur haine viscérale et leur volonté féroce de nous tuer. Comment croire en des jours meilleurs ? Comment éviter de tomber dans le piège de l'amalgame ? Je veux continuer à croire que tout est encore possible. Ai-je d'autres options ? Si je ne parviens pas à me convaincre que nous pouvons vivre côte à côte, la guerre perdurera. Je préfère écouter les histoires des héros arabes qui nous ont sauvés plutôt que celles des civils qui nous ont massacrés. Oui, je veux continuer à espérer qu'une fois les terroristes éliminés, la paix régnera entre nous. Deux États pour deux peuples.

Trois mois ont passé et je me demande encore comment une telle tragédie a pu se produire. Comment les commandos du Hamas ont-ils réussi à franchir cette frontière ? Où se trouvait l'armée ? Qui sont les responsables ? Ce drame aurait-il pu être évité ? Tant de questions qui n'auront peut-être jamais de réponse. Nous avons attendu nos soldats durant plusieurs heures et pourtant, ma gratitude et mon admiration pour eux demeurent intactes. Grâce à eux, je suis vivante. Ils se battent pour assurer notre protection au prix de leur vie. J'aime Tsahal, je crois en Tsahal et je soutiens de tout mon cœur l'armée israélienne.

L'heure n'est pas aux règlements de compte. Chacun d'entre nous doit aujourd'hui penser à se reconstruire pour revenir plus fort. Avant le 7 octobre, je ne voyais pas à quel point le bonheur était facile, évident. Il me suffisait de si peu pour être heureuse ! Désormais, mon cœur s'est alourdi, une ombre me poursuit où que j'aille et quoi que je fasse. Cette ombre a le visage d'Eliya et Elkanah, mes amis kidnappés, de Kfir et Ariel, ces deux bébés roux retenus par le Hamas, mais aussi de ces hommes, de ces femmes qui sont toujours otages, et de ces personnes âgées qui n'ont pas vu la lumière du jour depuis des mois.

Je ne culpabilise pas d'être vivante, mais de vivre. J'ai vécu six heures effroyables dans cette caravane, j'ai eu très peur, mais je suis en vie. J'en suis sortie avec mon mari, saine et sauve, sans une égratignure alors que des femmes ont été violées, mutilées, des enfants, décapités, des familles entières, décimées. J'ai frôlé la mort et je devrais croquer la vie à pleines dents ? J'en suis incapable. De toute façon, en ai-je seulement le droit ? Comment pourrais-je envisager mon avenir alors que je devrais être morte ?

Avec le recul, je comprends aujourd'hui mon souhait de retourner à l'armée quelques jours après le 7 octobre. Je me devais d'aller au bout de l'horreur, de me faire mal parce que, comparé aux autres, je n'avais pas assez souffert. La culpabilité du survivant.

Une partie de mon combat, aujourd'hui, est de ne pas laisser le Hamas me prendre plus que ce qu'il m'a déjà arraché. Il a volé mon innocence, mes amis. Il m'a enlevé ce que j'aime le plus au monde : danser. Il a essayé de me tuer, il a échoué. Il n'aura jamais mon âme.

Il a voulu tuer l'espoir. Nous sommes toujours là.

20 janvier 2024

Je suis toujours là.

Pour la première fois, depuis le 7 octobre, j'assiste à un festival en Inde. Le groupe Infected Mushroom, grâce auquel j'ai découvert la musique trance il y a 9 ans, est présent. Comme si l'Univers l'avait envoyé ici, spécialement pour moi. Nous l'avions invité lors d'un Unity en Israël, en mars dernier. Aujourd'hui, les DJ sont face à moi et je me retrouve, comme avant, vêtue de mes habits de lumière.

Je regarde la piste et ne peux m'empêcher d'imaginer le pire : et si des terroristes débarquaient ? Je chasse ces pensées de mon esprit. Dès les premières notes de musique, mes larmes se mettent à couler… Les images du Nova m'envahissent, les souvenirs resurgissent… La culpabilité me gagne ; je pense aux otages. Qu'il est difficile de faire ce premier pas vers la vie… Timidement, je m'avance sur la piste. Mes pieds sont lourds, mon âme aussi. J'ai perdu mes réflexes. Comme une malade qui réapprend à marcher, je retrouve peu à peu mes sensations, l'envie, l'ivresse des sons. Et je danse, oui je danse à nouveau, Shay à mes côtés. Je danse jusqu'au bout de la nuit puis, à la fin du set, les DJ brandissent le poster d'un ami, producteur de festivals, Elyia Cohen, otage toujours en captivité.

Nous recommençons à vivre, mais nous n'oublions pas. Nous les attendons.

Nous mettrons des années à guérir, mais nous y parviendrons parce que le peuple juif est, par essence, le peuple de la résilience. Nous nous relèverons, nous vivrons, nous danserons encore.

En dernier lieu, j'aimerais partager avec vous, lectrices et lecteurs, un extrait de ce texte d'Herbert Pagani, « Plaidoyer pour ma terre », écrit en 1975, en réaction à l'adoption par l'ONU d'une résolution assimilant le sionisme à une forme de racisme :

À ceux qui me disent : « Et les Palestiniens ? »
Je réponds : « Je suis un Palestinien d'il y a 2 000 ans.
Je suis l'opprimé le plus vieux du monde. »
Je discuterai avec eux, mais je ne leur céderai pas ma place.
Il y a là-bas de la place pour deux peuples et deux nations.
Les frontières sont à déterminer ensemble.
Mais l'existence d'un pays ne peut en aucun cas exclure l'existence de l'autre et les options politiques d'un gouvernement n'ont jamais remis en cause l'existence d'une nation, quelle qu'elle soit.

Descartes avait tort :
Je pense donc je suis, ça ne veut rien dire.
Nous, ça fait 5 000 ans qu'on pense, et nous n'existons toujours pas.
Je me défends donc je suis !

Remerciements

Je demande, avant tout, pardon à mes amis qui ont été assassinés et kidnappés par le groupe terroriste Hamas de n'avoir pas pu raconter leur histoire ici.

Il m'est difficile d'exprimer des remerciements car j'aurais préféré ne pas écrire ce livre. J'aurais aimé que ce 7 octobre soit un samedi banal et le Nova, un festival parmi d'autres. Mais parce que j'ai choisi de continuer de vivre et de retourner dans la lumière, je veux exprimer ma gratitude et prendre conscience de ce que j'ai eu la chance de garder plutôt que de penser à ce que j'ai perdu.

Je suis reconnaissante à l'Univers de m'avoir gardée vivante.

À ma mère et à mon père de m'avoir élevée dans l'idée que j'étais plus forte que tout.

À vous, mes frères, qui avez réussi à me faire rire même dans les moments les plus difficiles.

À la dynastie des femmes fortes à laquelle j'appartiens.

À ma formidable famille en Israël et en France.

À mes amis, toujours là pour m'aider à faire de chaque rêve une réalité.

À Shay, mon meilleur ami, mon partenaire de vie et de danse, mon mari. Je t'aime, merci de m'avoir appris que nous sommes plus forts à deux. Tu es mon bonheur.

À Dominique, pour m'avoir offert une tribune d'expression et avoir posé les mots pour raconter mon histoire.

pca
cmb
édition pré-presse
livres numériques

44400 Rezé

Cet ouvrage a été achevé d'imprimer en mars 2024
sur les presses de Normandie Roto Impression s.a.s.
61250 Lonrai (Orne)
N° d'édition : 67284/01 - N° d'impression : 2400922

Imprimé en France